# SHELL

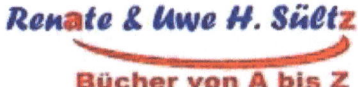

**Renate & Uwe H. Sültz**

Bücher von A bis Z

## Sammelmünzen/Medaillen

# DIE EROBERUNG DES HIMMELS
# MAN IN SPACE

1

**BoD - Books on Demand**
**Norderstedt 2020**

Sültz Bücher

Sueltz Books
INTERNATIONAL

Bibliografische Information durch die Deutsche Nationalbibliothek
Die Deutsche Nationalbibliothek verzeichnet diese Publikation in der
Deutschen Nationalbibliografie; detaillierte bibliografische Daten
sind im Internet über http://dnb.dnb.de abrufbar.

Eroberung des Himmels

Aktives Mitglied bei pixabay

Our thanks to
http://www.billjamie.com

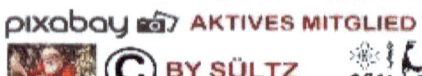

pixabay AKTIVES MITGLIED

© BY SÜLTZ

© Renate & Uwe H. Sültz
Herstellung und Verlag
BoD – Books on Demand, Norderstedt
ISBN 9-78375-2-66246-7

BoD BOOKS on DEMAND

WIKIMEDIA
AKTIVES MITGLIED
UND FÖRDERER

Sültz Bücher

Sültz Books INTERNATIONAL

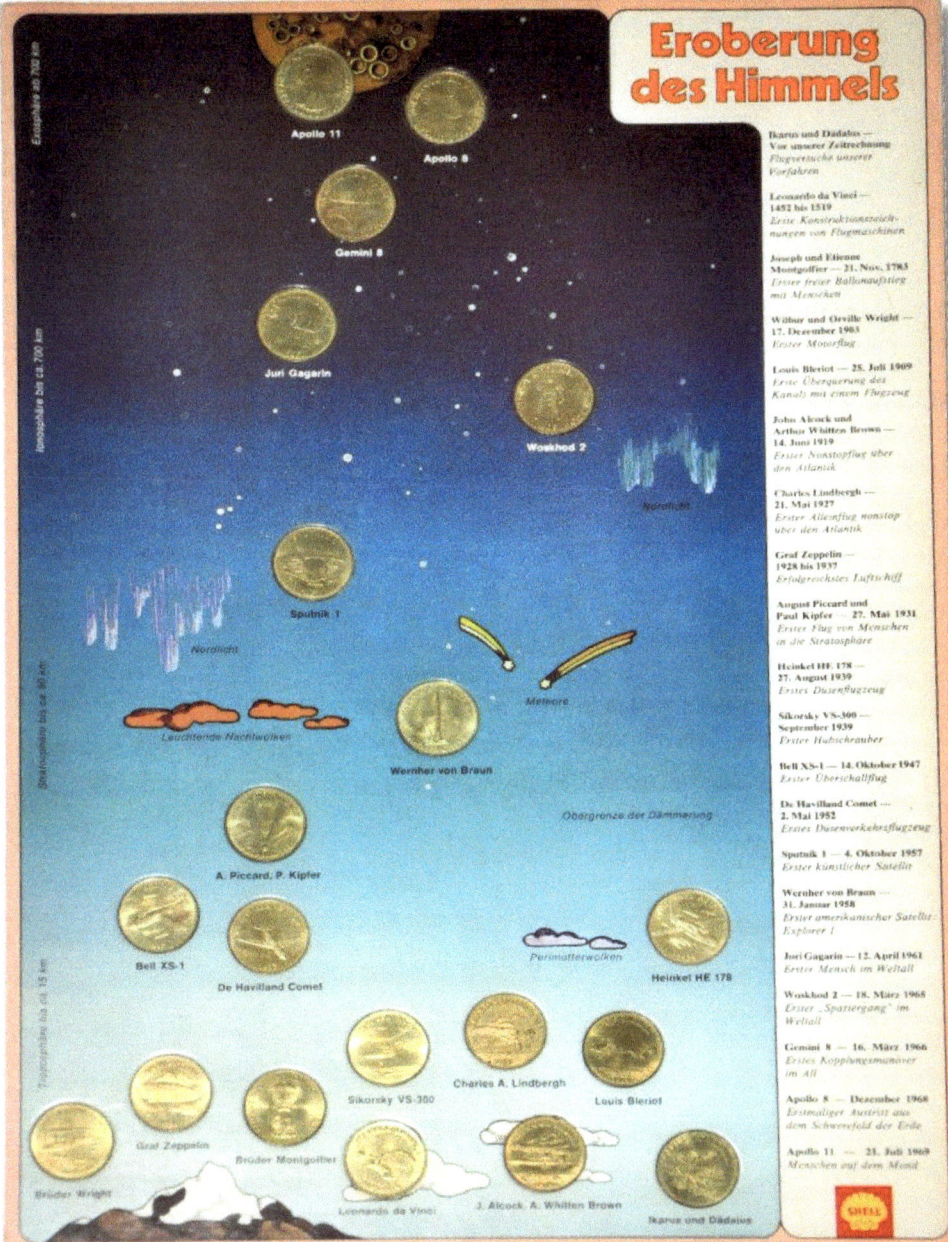

# Eroberung des Himmels

3

# Die historischen Höhepunkte bei der Eroberung des Himmels

**Ikarus und Dädalus**

*Der Wunsch, fliegen zu können, ist so alt wie die Menschheit. Das beweist die Geschichte von Dädalus und seinem Sohn Ikarus. Um aus der Gefangenschaft des König Minos von Kreta zu fliehen, fertigten sie sich Flügel aus Federn und Wachs. Dädalus erreichte Sizilien. Aber Ikarus kam der Sonne zu nah, daß das Wachs, das seine Flügel zusammenhielt, schmolz. Er mußte abstürzen und verlor sein Leben.*

**Leonardo da Vinci**

*Der große italienische Künstler und Erfinder entwickelte schon vor dem Jahr 1500 viele originelle und bemerkenswerte Entwürfe für Flugmaschinen. Es ist sehr unwahrscheinlich, daß je eine dieser Maschinen geflogen wäre, denn sie waren zu schwer. Aber das schmälert nicht die Kühnheit und Vielfalt seiner Überlegungen, die sich bereits mit Hubschraubern und Fallschirmen beschäftigten.*

**Joseph und Etienne Montgolfier**

*Den ersten freien Ballonaufstieg wagten Menschen am 21. November 1783. In einer Ballon-Konstruktion der Brüder Montgolfier flogen Pilâtre de Rozier und der Marquis d'Arlandes 8 Kilometer über Paris hinweg. Der Ballon wurde — auch während des Fluges — durch eine Feuerstelle mit heißer Luft gefüllt.*

**Wilbur und Orville Wright**

*Am 17. Dezember 1903 gelang in den USA der erste Motorflug mit einer Flugzeugkonstruktion der Brüder Wright. Auf seinem Jungfernflug legte das Flugzeug — gesteuert von Orville Wright — 36 Meter zurück. Noch am gleichen Tag erreichte W... bereits eine Distanz von 260 Metern in einem Flug von einer Minute Dauer.*

**Louis Blériot**

*Wie schön alles in den ersten Flugzeugen drinsteckte, demonstrierte Louis Blériot: Am 25. Juli 1909 flog er mit seinem Eindecker über den Kanal von Calais nach Dover. Damit war bewiesen, daß Flugzeuge bald jedes Ziel erreichen können — unabhängig von natürlichen Hindernissen.*

**John Alcock und Arthur Whitten Brown**

*Am 14. Juni 1919 bewältigten zwei Briten die bis dahin kühnste Aufgabe bei der Eroberung ... ... nonstop überquerten sie den Atlantik. ... Für die 3000 Kilometer von Neufundland bis Island benötigten sie mit ihrem Vickers „Vimy"-Flugzeug 16 Stunden und 12 Minuten.*

**Charles A. Lindbergh**

*Der Ruhm für den ersten Alleinflug nonstop über den Atlantik gebührt Charles Lindbergh. Als er am 21. Mai 1927 mit seiner „Spirit of St. Louis" in Paris landete, hatte er 5800 Kilometer in 33 Stunden und 30 Minuten zurückgelegt.*

**Graf Zeppelin**

*Eine neue Ära des Fliegens schien mit den gewaltigen Luftschiffen angebrochen zu sein. Von den majestätischen Konstruktionen war LZ-127 „Graf Zeppelin" das erfolgreichste. Von 1928 bis 1937 legte die „Graf Zeppelin" fast 1,7 Millionen Kilometer zurück und beförderte über 13000 Passagiere.*

**August Piccard und Paul Kipfer**

*Die Schweizer Wissenschaftler August Piccard und Paul Kipfer wagten am 27. Mai 1931 den ersten Flug in die Stratosphäre. Sie erreichten eine Höhe von 15781 Metern — höher, als je zuvor ein Mensch geflogen war.*

**Heinkel HE 178**

*In den dreißiger Jahren begannen in Deutschland und in Großbritannien Versuche mit Düsenantrieben für Flugzeuge. Am 27. August 1939 gelang der erste Flug mit dem neuen Antrieb: Der Pilot Erich Warsitz flog die Heinkel HE 178.*

**Sikorsky VS-300**

*Seit den Anfängen der Luftfahrt wurden Versuche mit senkrecht startenden und landenden Flugzeugen durchgeführt. Pionier dieser Entwicklung war Igor Sikorsky, ein gebürtiger Russe, der in den USA arbeitete. Sein VS-300, der im September 1939 fertiggestellt wurde, war der erste wirklich ausgereifte Hubschrauber.*

**Bell XS-1**

*Am 14. Oktober 1947 flog erstmals ein Mensch schneller als der Schall: der Amerikaner Charles Yeager. Mit einer Geschwindigkeit von 1078 Kilometern in der Stunde raste er in mehr als 13000 Meter Höhe über den Muroc Dry Lake in Kalifornien hin.*

**De Havilland Comet**

*Ein großer Sprung für die Zivilluftfahrt war die britische De Havilland Comet 1, das erste Düsenverkehrsflugzeug. Am 2. Mai 1952 wurde sie in Dienst gestellt und flog Strecken nach Südafrika, Indien und in den Fernen Osten.*

**Sputnik 1**

*Am 4. 10. ... das erste Raum-Zeitalter: Sputnik 1, der erste künstliche Satellit, umkreiste die Erde. ... die Erde in 96 ... umrundete.*

**Wernher von Braun**

*Der Raketen-Ingenieur Wernher von Braun wird oft als „Vater der Raumfahrt" bezeichnet. Er wurde zur Zentralperson im Raumfahrt-Programm der USA. Er hatte großen Anteil an der Entwicklung der Jupiter-C-Rakete, die am 31. Januar 1958 den ersten amerikanischen Satelliten in eine Umlaufbahn brachte.*

**Juri Gagarin**

*Am 12. April 1961 drang erstmals ein Mensch in das Weltall vor: Juri Gagarin, ein sowjetischer Major, umkreiste die Erde in einer Entfernung von maximal 300 Kilometern in 108 Minuten und landete sicher im Zielgebiet.*

**Woschod 2**

*Alexis Leonow war der erste Mensch, der im All den Schutz seiner Raumkapsel verließ. Am 18. März 1965 flog er schwerelos ungefähr 10 Minuten durch den Weltraum. Nur eine Verbindungsleine verband ihn mit seinem Raumschiff und dessen Piloten Paul Beljew.*

**Gemini 8**

*Eine Feuerprobe für die Eroberung des Himmels bestand in dem Versuch, zwei Raumschiffe während ihres Umlaufs zu verbinden. Das gelang zum ersten Mal am 16. März 1966. Die Astronauten Neil Armstrong und David Scott koppelten ihr Gemini-Raumschiff mit einer unbemannten Agena-Kapsel.*

**Apollo 8**

*Mit dem Unternehmen Apollo 8 bereiteten sich die Menschen auf die Eroberung des Mondes vor. Die Astronauten Borman, Lovell und Anders verließen die Erde am 21. Dezember 1968, umflogen am 24. Dezember als erste Menschen den Mond und erreichten am 27. Dezember wieder die Erde.*

**Apollo 11**

*Am 21. Juli 1969 wurde ein uralter Menschheitstraum wahr: Neil Armstrong setzte als erster Mensch seinen Fuß auf den Mond. „Ein kleiner Schritt für einen Menschen, aber ein Riesensprung für die Menschheit", waren seine Worte bei diesem historischen Ereignis.*

# Der Weltraum... unendliche Weiten...

*Für den Weltraum interessierte ich mich schon in den Kindheitsjahren. 1966 sah ich mit meinen Eltern am Urlaubsort Tittmoning Raumpatrouille Orion. Und 11 Tage nach meinem 12'ten Geburtstag lief die erste Folge von Raumschiff Enterprise. Danach folgten Bücher von Heinz Haber, Carl Sagan, usw.*

*Aber das alles tut nichts zur Sache, dieses Buch zu veröffentlichen. Denn es geht um SHELL-SAMMELMÜNZEN. So nannte man sie 1969. Eigentlich sind es Medaillen, aber SHELL nannte sie nun einmal Münzen, also bleiben wir dabei.*

*Ich war 9 Jahre und sammelte zu dieser Zeit schon Münzen und Medaillen. Mein Vorbild war damals mein Onkel. Hin und wieder schenkte er mir seine doppelten Münzen und Medaillen. So kannte ich früh den Unterschied zwischen POLIERTER PLATTE und STEMPELGLANZ. Und dann kam der Tag, an dem SHELL Münzen verteilte. Alle in meiner Familie bat ich, doch bei SHELL zu tanken.*

*Aber auf diese Art und Weise würde ich eine Sammlung niemals zusammen bekommen. Es begann alles mit der TRAUM ELF 69. Sammler dieser damaligen Fußball-Münzen kennen das Gefühl, wenn eine versiegelte Münze geöffnet wird. Welcher Fußballspieler wird wohl darin versteckt sein? Bei mir war es GERD MÜLLER! Von nun an wusste ich, wer der Bomber der Nation war. Er hätte bei jeder Mannschaft spielen können, ich wäre ein Fan geworden. Alle wissen, er spielte bei Bayern München.*

Nur, wie kommt man als 9 jähriger Junge an diese Münzen. Nicht weit entfernt gab es eine Tankstelle von SHELL. Der damalige Tankwart und spätere Besitzer Onkel Hasse, Lünen, Kurt-Schumacher-Straße, schenkte mir diese erste mit GERD MÜLLER. Ich bettelte immer wieder... Onkel Hasse gab nach. Aber eine ganze Serie zu bekommen, das war unmöglich. Immerhin gab es 20 verschiedene Fußballspieler. Warum es 20 waren und nicht wie allgemein bekannt 17, lesen Sie im nächsten Buch über die SHELL TRAUM ELF 69 Sammelmünzen. Auch wird es Bücher über Automobile, den int. Fußball und Präsidenten in den USA geben. In diesem Zusammenhang ist zu sagen, dass Joe Biden der neue Präsident in Amerika ist.

Im gleichen Jahr, also 1969, startete die Rakete zum Mond APOLLO 11. Apollo 11 war die erste bemannte Raumfahrtmission mit einer Mondlandung. Sie war der fünfte bemannte Flug des Apollo-Programms der US-amerikanischen Raumfahrtbehörde NASA. Die Mission verlief erfolgreich und erreichte das 1961 von US-Präsident John F. Kennedy vorgegebene nationale Ziel, noch vor Ende des Jahrzehnts einen Menschen zum Mond und wieder sicher zurück zur Erde zu bringen.

Die drei Astronauten Neil Armstrong, Edwin „Buzz" Aldrin und Michael Collins starteten am 16. Juli 1969 mit einer Saturn-V-Rakete von Launch Complex 39A des Kennedy Space Center in Florida und erreichten am 19. Juli eine Mondumlaufbahn. Während Collins im Kommandomodul des Raumschiffs Columbia zurückblieb, setzten Armstrong und Aldrin am nächsten Tag mit der Mondlandefähre Eagle auf dem Erdtrabanten auf. Wenige Stunden später betrat Armstrong als erster Mensch den Mond, kurz danach auch Aldrin. Nach einem knapp 22-stündigen Aufenthalt startete die Landefähre wieder von der Mondoberfläche und kehrte zum Mutterschiff zurück. Nach Rückkehr zur Erde wasserte die Columbia am 24. Juli rund 25 Kilometer vom Bergungsschiff USS Hornet entfernt im Pazifik.

Nach der erfolgreichen Mission veröffentlichte SHELL in vielen Ländern Sammelmünzen, die mit dem Weltraum zu tun hatten. Auf den folgenden Seiten sehen Sie, welche Sammlungen veröffentlicht wurden, wo und wie der Titel ist. In Deutschland nannte SHELL die Sammlung DIE EROBERUNG DES HIMMELS. Sammelkarten zu den 20 Münzen gab es für 50 Pfennig und für 1 Mark, die große.

Wie gesagt, ich war 9 Jahre alt. Die Frage blieb immer noch, wie ich an weitere Münzen kam? Nun das war damals so:

Bei Nachbarn nahm ich kleine Arbeiten an, um an Geld zu kommen. Das konnte das Einschaufeln von Kohle sein, stapeln von Briketts oder Einkaufen gehen. Meinen Lohn, manchmal 50 Pfennig, ließ ich mir in 5 Pfennig-Stücken auszahlen. An der Klümpchenbude in der Nähe, gab es bereits für 1 Pfennig Esspapier und andere Schleckereien. Wer mir nun aus meinem Freundeskreis eine Münze brachte, erhielt 5 Pfennig. So kamen jede Menge SHELL Münzen zusammen. Tatsächlich sind die Sammelkarten für Fußballmünzen und Weltraummünzen voll geworden. Ich hielt meine Sammlungen damals für sehr wertvoll. Aber dieses Gefühl, eine original verpackte Münze zu öffnen, spüre ich noch nach über 50 Jahren. Übrigens habe ich einige original verpackte Münzen aus dem Ebay ersteigert... ich habe mich im Griff und öffne sie nicht... bis auf eine Münze...

Nach der Grundschule lernte ich dann neue Schulfreundinnen und Schulfreunde kennen. Max Raabe war eine Klasse unter mir, er sammelte aber keine Münzen. Was damals alle sammelten, waren Fußballbilder.

*Die Fußballbilder und die Münzen wurden in Unna Königsborn, im Bergmann Verlag hergestellt. Der Bergmann-Verlag in Unna-Königsborn produzierte in den 1960er Jahren in großer Zahl Sammelbilder und Alben zum Thema Fußball. Namensgeber und Verlagsgründer war Heinz Bergmann. Nach der Verlegung des Bergmann-Verlages um 1974 in die Schweiz erfolgte 1979 eine Kooperation mit der italienischen Panini-Gruppe in Modena. Fast jeden Tag fahre ich an den alten Hallen vorbei. Beim Schnibbeln mit den Fußballbildern gewann ich oft den Pott. Es kam eben auf die Wurftechnik an. Auch eine leichte Biegung der Karte war hilfreich. Nun gab es bei mir Fußballbilder für SHELL Münzen. Unendlich viele Sammelkarten kamen zusammen. Es wurde zur Sammelleidenschaft, vielleicht sogar zur Sucht. Dafür rauchte ich damals in der Raucherecke nicht, Max Raabe übrigens auch nicht. Somit hatte ich ein gesundes Hobby, Max Raabe hatte seinen Gesang und ist heute weltbekannt. Die Münzsammlungen haben mich nicht berühmt gemacht, aber SÜLTZ BÜCHER werden heute auf der ganzen Welt verkauft. Erst Recht die Compact Cassetten Bücher, aber davon in anderen Büchern mehr. Übrigens wurde die Produktion von Sammelmünzen der Serie TRAUM ELF 69 irgendwann eingestellt. Mit MEXICO 70 ging es weiter. Aber von allen Sorten waren in den Familien der Schulfreunde noch genug vorhanden. Ob sie nun gepflegt waren oder gammelig, ich nahm sie alle. Dann wurde geputzt, geputzt, geputzt...*

**Wie das Gefühl ist, eine neue Münze zu öffnen, es nicht mehr auszuhalten welche Sammel-Münze wohl in meinen 9-jährigen Händen ist, kann ich nur als Bilder zeigen:**

 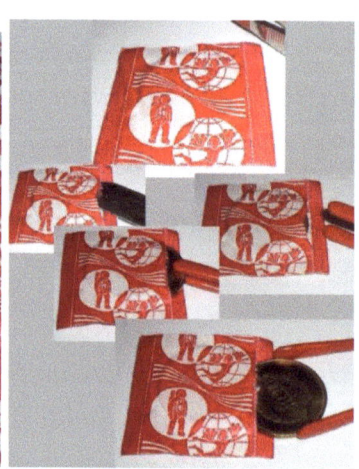 

Ganz langsam ging die Welle der Medaillen zu Ende. Was nun? In meine Klasse kam Franziska, genannt Francis oder Fran. Sie war Amerikanerin. Nun ging es mit SHELL weiter, denn Fran war dankbar für Hilfe in den Fächern Deutsch und Mathe. Von ihr erhielt ich dann die amerikanischen Ausgaben von SHELL Münzen. Mehr darüber, hier im Buch. Auch, wie man 5000 Dollar von SHELL ergaunern konnte... hier im Buch.

Natürlich sprangen auch andere Öl-Konzerne auf diesen Trend. Denn immerhin lockten die Konzerne Kunden an und haben sie an sich gebunden. So gab es nicht nur Sammelmünzen, sondern auch Spielmünzen. Mit diesen Spielmünzen konnten hohe Gewinne erzielt werden. Die Preise beinhalteten Bargeld in Höhe von 1,5, 50, 500 und 5.000 US-Dollar.

Die Spieler konnten auch einen schönen Satz von Bronze-Raummedaillen gewinnen, die mit einem Montagebrett und einem informativen Booklet über die Weltraummissionen geliefert wurden. Wenn eine Spielmünze INSTANT WINNER auf der Rückseite geprägt hatte, wurde ein Preis gewonnen, ohne andere Münzen sammeln zu müssen. Der Hauptpreis im Spiel war 5.000 US-Dollar Bargeld. Das war 1969 viel; genug, um eine neue Corvette (oder zwei Chevy Novas) zu kaufen!

Die Amerikaner starteten noch APOLLO 12... schnell wurde noch eine Medaille herausgebracht. Diese konnte nicht auf den Gewinn-Sammelkarten untergebracht werden, nur auf den Bronze-Sammelkarten.
Eine Apollo 13-Münze gab es in USA nicht.

**Eine APOLLO 13 Medaille wurde in Mexiko verteilt, mit der Aufschrift:
"El Hombre En El Espacio" (Man In Space).**

1969 wurde der Werbewettbewerb "MAN IN SPACE" der Shell Oil Company
eingeführt, der auf dem Erfolg des letztjährigen Münzspiels "Mr. President" aufbaute.

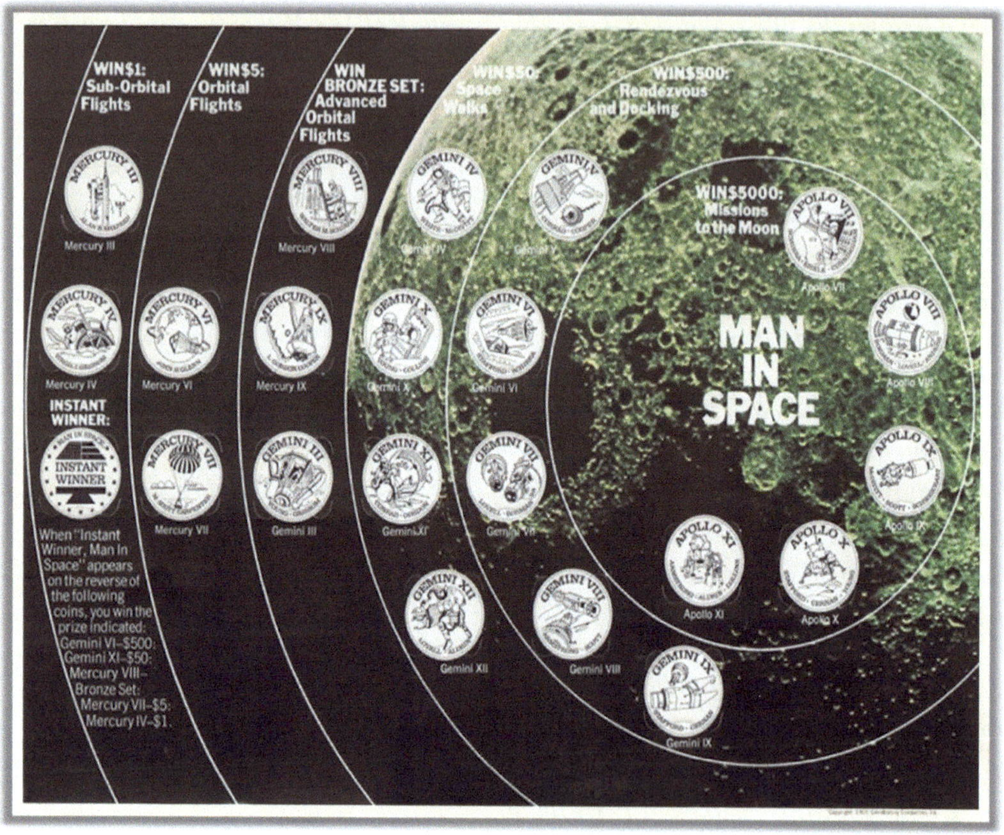

Wenn eine Spielmünze INSTANT WINNER auf der Rückseite geprägt hatte,
wurde ein Preis gewonnen, ohne andere Münzen sammeln zu müssen.

Apollo XII Spielmünzen wurden nicht in Aluminium geschlagen.
Sie gab es nur in Bronze:

11

*1969 startete Shell Oil die "Man In Flight"-Aktion in mehreren Ländern außerhalb der Vereinigten Staaten. Einige Länder erhielten Sets mit 20 Münzen, während andere Länder Sets mit nur 16 Münzen erhielten. Die 16-Münzen-Sets hatten einfach vier der Münzen absichtlich weggelassen. Die Münzen wurden sowohl in Bronze als auch in Aluminium geschlagen und sowohl in runden als auch in 12-seitigen Versionen hergestellt. Dadurch entstanden einige Sorten. Millionen von jeder Sorte wurden produziert. (Material: Bronze, Messing, Nickel, Stahl, Aluminium, magnetisch und unmagnetisch. Für alle Angaben gilt keine Gewähr auf Vollständigkeit!)*

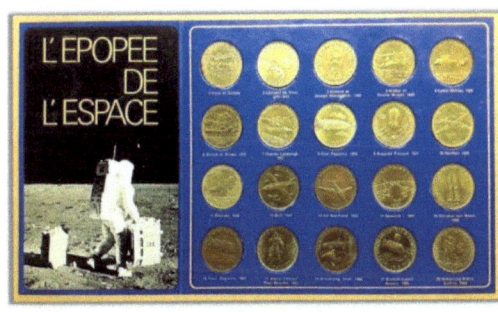

13

**FRANKREICH**

**Finnland**

**GROSSBRITANNIEN**

**SÜDAFRIKA**

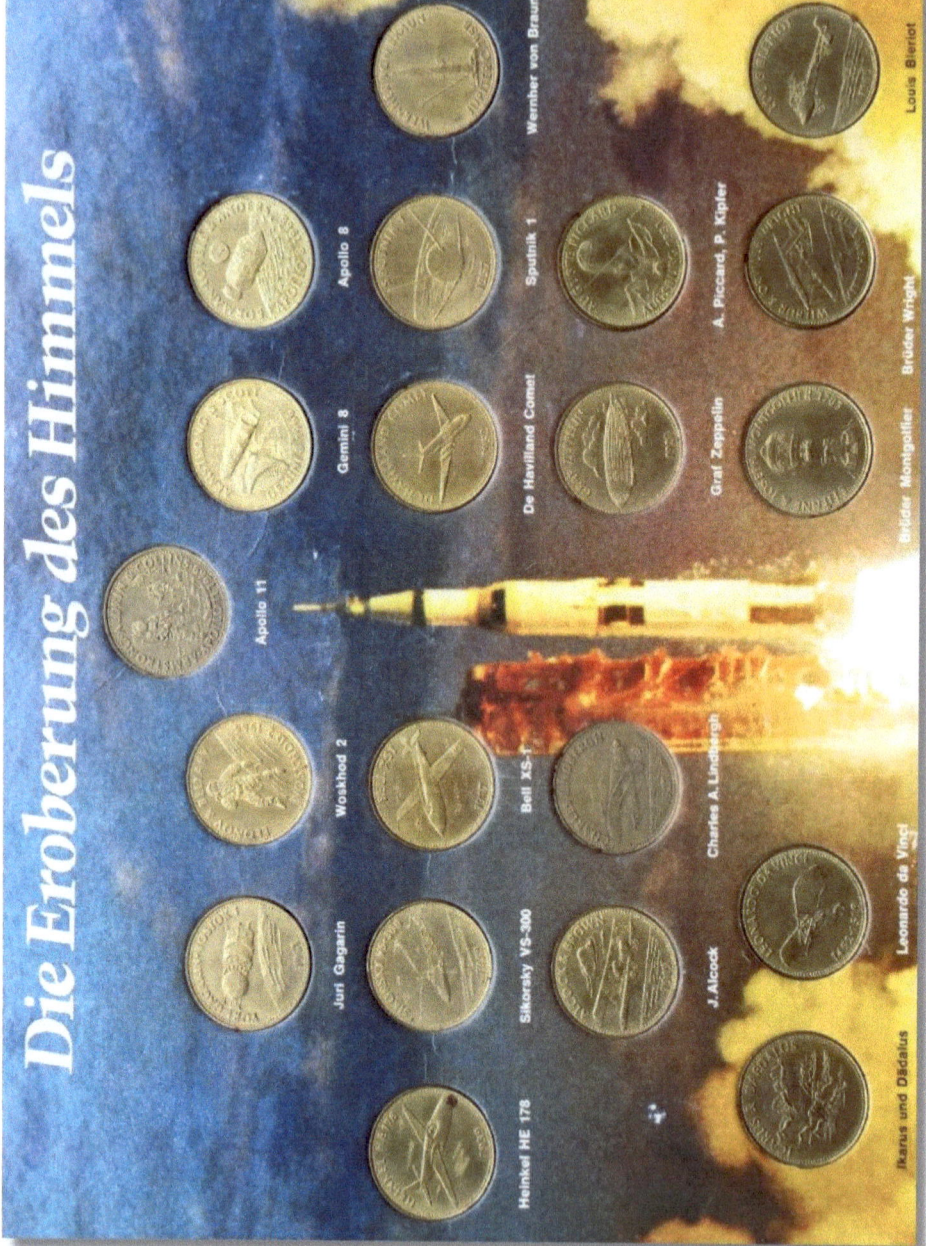

# Die Eroberung des Himmels

Wernher von Braun

Louis Blériot

Apollo 8

Sputnik 1

A. Piccard, P. Kipfer

Brüder Wright

Apollo 11

Gemini 8

De Havilland Comet

Graf Zeppelin

Brüder Montgolfier

Woskhod 2

Bell XS-1

Charles A. Lindbergh

Juri Gagarin

Sikorsky VS-300

J. Alcock

Leonardo da Vinci

Heinkel HE 178

Ikarus und Dädalus

## Ikarus und Dädalus

Der Wunsch, fliegen zu können, ist so alt wie die Menschheit. Das beweist die Geschichte von Dädalus und seinem Sohn Ikarus. Um aus der Gefangenschaft des Königs Minos von Kreta zu fliehen, fertigten sie sich Flügel aus Federn und Wachs. Dädalus erreichte Sizilien. Aber Ikarus kam der Sonne so nah, daß das Wachs, das seine Flügel zusammenhielt, schmolz. Er stürzte ab und verlor sein Leben.

## Leonardo da Vinci

Der große italienische Künstler und Erfinder entwickelte schon vor dem Jahr 1500 viele originelle und bemerkenswerte Entwürfe für Flugmaschinen. Es ist sehr unwahrscheinlich, daß je eine dieser Maschinen geflogen wäre, denn sie waren zu schwer. Aber das schmälert nicht die Kühnheit und Vielfalt seiner Überlegungen, die sich bereits mit Hubschraubern und Fallschirmen beschäftigten.

## Joseph und Etienne Montgolfier

Den ersten freien Ballonaufstieg wagten Menschen am 21. November 1783. In einer Ballon-Konstruktion der Brüder Montgolfier flogen Pilâtre de Rozier und der Marquis d'Arlandes 8 Kilometer über Paris hinweg. Der Ballon wurde — auch während des Fluges — durch eine Feuerstelle mit heißer Luft gefüllt.

## Wilbur und Orville Wright

Am 17. Dezember 1903 gelang in den USA der erste Motorflug mit einer Flugzeugkonstruktion der Brüder Wright. Auf seinem Jungfernflug legte das Flugzeug — gesteuert von Orville Wright — 36 Meter zurück. Noch am gleichen Tag erreichte Wilbur bereits eine Distanz von 260 Metern in einem Flug von einer Minute Dauer.

## Louis Bleriot

Was schon alles in den ersten Flugzeugen drinsteckte, hin kahnste Aufgabe bei der Eroberung des Himmels: Nonstop überquerten sie den Atlantik. Für die demonstrierte Louis Bleriot. Am 25. Juli 1909 flog er mit seinem Eindecker über den Kanal von Calais nach Dover. Damit war bewiesen, daß Flugzeuge bald jedes Ziel erreichen könnten — unabhängig von natürlichen Hindernissen.

## John Alcock und Arthur Whitten Brown

Am 14. Juni 1919 bewältigten zwei Briten die bis dahin kühnste Aufgabe bei der Eroberung des Himmels: Nonstop überquerten sie den Atlantik. Die 3050 Kilometer von Neufundland bis nach Irland benötigten sie mit ihrem Vickers „Vimy" Flugzeug 16 Stunden und 12 Minuten.

## Charles A. Lindbergh

Der Ruhm für den ersten Atlantikflug nonstop über den Atlantik gebührt Charles Lindbergh. Als er am 21. Mai 1927 mit seiner „Spirit of St. Louis" in Paris landete, hatte er 5800 Kilometer in 33 Stunden und 30 Minuten zurückgelegt.

## Graf Zeppelin

Eine neue Ära des Fliegens schien mit den gewaltigen Luftschiffen angebrochen zu sein. Von den majestätischen Konstruktionen war LZ-127 „Graf Zeppelin" das erfolgreichste. Von 1928 bis 1937 legte die „Graf Zeppelin" fast 1,7 Millionen Kilometer zurück und beförderte über 13 000 Passagiere.

## August Piccard und Paul Kipfer

Die Schweizer Wissenschaftler August Piccard und Paul Kipfer wagten am 27. Mai 1931 den ersten Flug in die Stratosphäre. Sie erreichten eine Höhe von 15781 Metern — höher, als je zuvor ein Mensch geflogen war.

## Heinkel HE 178

In den dreißiger Jahren begonnen in Deutschland und in Großbritannien Versuche mit Düsenantrieben für Flugzeuge. Am 27. August 1939 gelang der erste Flug mit dem neuen Antrieb: Der Pilot Erich Warsitz flog die Heinkel HE 178.

## Sikorsky VS-300

Seit den Anfängen der Luftfahrt wurden Versuche mit senkrecht startenden und landenden Flugzeugen durchgeführt. Pionier dieser Entwicklung war Igor Sikorsky, ein gebürtiger Russe, der in den USA arbeitete. Sein VS-300, der am September 1939 fertiggestellt wurde, war der erste wirklich ausgereifte Hubschrauber.

## Bell XS-1

Am 14. Oktober 1947 flog erstmals ein Mensch schneller als der Schall: der Amerikaner Charles Yeager. Mit einer Geschwindigkeit von 1078 Kilometern in der Stunde raste er in mehr als 11000 Meter Höhe über dem Muroc Dry Lake in Kalifornien hin.

## De Havilland Comet

Ein großer Sprung für die Zivilluftfahrt war die britische De Havilland Comet 1: das erste Düsenverkehrsflugzeug. Am 2. Mai 1952 wurde sie in Dienst gestellt und flog Strecken nach Südafrika, Indien und in den Fernen Osten.

## Sputnik 1

Am 4. 10. 1957 begann das Raum-Zeitalter. Sputnik 1, der erste künstliche Satellit, umkreiste die Erde. Er wog 83,5 kg und umflog die Erde in 96 Minuten.

## Wernher von Braun

Der Raketen-Ingenieur Wernher von Braun wird oft als „Vater der Raumfahrt" bezeichnet. Er wurde zur Zentralperson im Raumfahrt-Programm der USA. Er hatte großen Anteil an der Entwicklung der Jupiter-C-Rakete, die am 31. Januar 1958 den ersten amerikanischen Satelliten in eine Umlaufbahn brachte.

## Juri Gagarin

Am 12. April 1961 drang erstmals ein Mensch in das Weltall vor: Juri Gagarin, ein sowjetischer Major, umkreiste die Erde in einer Entfernung von maximal 300 Kilometern (in 108 Minuten) und landete sicher im Zielgebiet.

## Woskhod 2

Alexis Leonow war der erste Mensch, der im All den Schutz seiner Raumkapsel verließ. Am 18. März 1965 flog er schwerelos ausgeführt 10 Minuten durch den Weltraum. Nur eine Verbindungsleine verband ihn mit seinem Raumschiff und dessen Piloten Paul Beljaew.

## Gemini 8

Eine Feuerprobe für die Eroberung des Himmels bestand in dem Versuch, zwei Raumschiffe während ihres Umlaufs zu verbinden. Dies gelang zum ersten Mal am 16. März 1966. Die Astronauten Neil Armstrong und David Scott koppelten ihr Gemini-Raumschiff mit einer unbemannten Agena-Kapsel.

## Apollo 8

Mit dem Unternehmen Apollo 8 bereiteten sich die Menschen auf die Eroberung des Mondes vor. Die Astronauten Borman, Lovell und Anders verließen die Erde am 21. Dezember 1968, umflogen am 24. Dezember als erste Menschen den Mond und erreichten am 27. Dezember wieder die Erde.

## Apollo 11

Am 21. Juli 1969 wurde ein uralter Menschheitstraum wahr: Neil Armstrong setzte als erster Mensch seinen Fuß auf den Mond. „Ein kleiner Schritt für einen Menschen, aber ein Riesensprung für die Menschheit", waren seine Worte bei diesem historischen Ereignis.

Vorderseite: Start der Saturn-Rakete, die das Raumschiff Apollo 11 auf seinen Weg zum Mond brachte.

15

# IKARUS UND DÄDALUS

*Ikarus und Dädalus wurden – als Strafe, weil Dädalus dem Theseus hilfreiche Hinweise zur Verwendung des Ariadnefadens gegeben hatte – von König Minos im Labyrinth des Minotauros auf Kreta gefangen gehalten. Da Minos die Seefahrt und das Land kontrollierte, erfand Dädalus Flügel für sich und seinen Sohn. Dazu befestigte er Federn mit Wachs an einem Gestänge. Vor dem Start schärfte er Ikarus ein, nicht zu*

*hoch und nicht zu tief zu fliegen, da sonst die Hitze der Sonne beziehungsweise die Feuchte des Meeres zum Absturz führen würde.*

*Zuerst ging alles gut, aber nachdem sie Samos und Delos zur Linken und Lebinthos zur Rechten passiert hatten, wurde Ikarus übermütig und stieg so hoch hinauf, dass die Sonne das Wachs seiner Flügel schmolz, woraufhin sich die Federn lösten und er ins Meer stürzte. Der verzweifelte Dädalus benannte die Insel, auf der er seinen Sohn beigesetzt hatte, zur Erinnerung an sein Kind Ikaria.*

*Der Ikarus-Mythos wird im Allgemeinen so gedeutet, dass der Absturz und Tod des Übermütigen die Strafe der Götter für seinen unverschämten Griff nach der Sonne ist. Nach Ovid ließen die Götter Ikarus aus Rache sterben, weil Dädalus seinen Neffen und Schüler Perdix aus Neid auf sein Können ermordet hatte.*

# LEONARDO DA VINCI

*Leonardo da Vinci; \* 15. April 1452 in Anchiano bei Vinci; † 2. Mai 1519 auf Schloss Clos Lucé, Amboise; eigentlich Lionardo di ser Piero da Vinci war ein italienischer Maler, Bildhauer, Architekt, Anatom, Mechaniker, Ingenieur und Naturphilosoph. Er gilt als einer der berühmtesten Universalgelehrten aller Zeiten.*

*Sein Namenszusatz da Vinci ist kein Familien-, sondern ein Herkunftsname und bedeutet „aus Vinci", jedoch wurde diese Herkunftsbezeichnung als Bestandteil seines Namens aufgefasst und von Leonardo da Vinci selbst in seinen Unterschriften („di Leonardo de Vinci") verwendet. Der Geburtsort Vinci ist ein Kastell, bzw. befestigtes Hügeldorf und liegt in der Nähe der Stadt Empoli (circa 30 Kilometer westlich von Florenz) in der heutigen Provinz Florenz, Region Toskana.*

*Dass Leonardo als Ingenieur seiner Zeit weit voraus war, hat sich als eine besonders von Mussolini gestreute Legende herausgestellt. Die meisten Ideen zu seinen Skizzen finden sich bereits in älteren kriegs- und ingenieurstechnischen Werken mittelalterlicher Autoren wie beispielsweise von Villard de Honnecourts (um 1200 – nach 1235), Guido da Vigevano (um 1280 – um 1350), Konrad Kyeser (1366 – nach 1405), oder Taccola (1381-1453) wieder, auf denen da Vinci aufbaute.*

*Marc van den Broek untersuchte mehr als 100 Erfindungen, die Leonardo da Vinci zugeschrieben werden und konnte ältere Prototypen finden. Leonardos Darstellungen zeigen verblüffende Ähnlichkeiten mit Zeichnungen aus dem Mittelalter, dem antiken Griechenland und Rom, dem chinesischen und dem persischen Reich und aus Ägypten. Dies lässt die Annahme zu, dass ein Großteil von*

Leonardos Erfindungen bereits vor seiner Zeit gemacht wurden.

Das Geniale und Innovative an den Illustrationen da Vincis ist, dass er verschiedene Funktionen aus vorhandenen Skizzen kombiniert und dramatisch inszeniert hat. Er hat technische Erfindungen nobilitiert und aus ihnen Neues erschaffen.

Im Laufe der Zeit nahmen seine wissenschaftlichen Forschungen und sein durch Studium angeeignetes Wissen über Naturkräfte, die er zum Nutzen der Menschheit einsetzen wollte, immer mehr an Bedeutung zu. Allerdings waren seine Skizzen oft mit gravierenden Fehlern versehen. Bei seinem Entwurf des Panzers und des Schaufelradboots drehten sich die Zahnräder in gegenläufige Richtung, sodass es zu einem "Getriebeschaden" gekommen wäre, wenn aus der Skizze ein Prototyp entstanden wäre. Matthias Eckoldt sieht die Ursache darin, dass es da Vinci zuweilen mehr um Design und das Aufzeigen von Möglichkeiten als die konkrete Realisierung gegangen wäre. So sei der Panzer für 8 Mann Besatzung und 30 Kanonen ausgelegt, der Antrieb jedoch nur über zwei Handkurbeln vorgesehen. Die Physik- und Mechanikkenntnisse seiner Zeit waren soweit, das als illusorisch zu erkennen. Jahrzehntelang skizzierte Leonardo auch Fluggeräte, die den heutigen Hubschraubern jedoch nur dem Namen nach gleichen.

Um 1505 ließ Leonardo angeblich am Monte Ceceri bei Fiesole, im Nordosten von Florenz, Flugübungen mit einem Segelfluggerät durchführen. Die Versuche scheiterten, und er notierte in seinem Manuskript „Kodex über den Vogelflug", dass sich sein Assistent Tommaso Masini dabei ein Bein oder einige Rippen brach. Laut Matthias Eckoldt ist jedoch im genannten Kodex weder vom Bau noch vom Test eines Fluggeräts etwas zu finden.

Er konstruierte auch Getriebe und Antriebe, die jedoch teilweise einfache Denkfehler enthielten. Viele seiner Geräte wurden inzwischen nachgebaut. Beispielsweise wurde seine Skizze „Wunder der Kunst des mechanischen Getriebes" als Kunstwerk und als Unendlichkeitsmaschine für didaktische Zwecke im Dynamikum realisiert.

# JOSEPH UND ETIENNE MONTGOLFIER

*Die Brüder Joseph Michel Montgolfier (\* 26. August 1740 in Annonay bei Lyon; † 26. Juni 1810 in Balaruc-les-Bains) und Jacques Étienne Montgolfier (\* 6. Januar 1745 in Annonay; † 2. August 1799) waren die Erfinder des Heißluftballons, der Montgolfière. Bekannt sind beide, mit oder ohne den Zusatz de, als Joseph (de) Montgolfier und Étienne (de) Montgolfier.*

*Die Brüder wurden in Naturwissenschaften unterrichtet und in Architektur ausgebildet. Sie leiteten später gemeinsam die seit 1557 im Familienbesitz befindliche Papierfabrik. Seit Mitte der 1770er Jahre beschäftigte sich Joseph Michel mit der Luftfahrt, und zwar zunächst mit dem Fallschirm. 1777 machte er einen Selbstversuch vom Dach seines Hauses, der gut ausging. Auf Bitten seiner Familie unterließ er weitere Versuche dieser Art.*

*Angeregt durch eine Schrift Joseph Priestleys beschäftigte er sich dann mit den Eigenschaften diverser Gase. Er wollte eine luftdichte Hülle, die mit „leichter Luft" gefüllt war, zum Aufsteigen bringen. Experimente mit Wasserstoff schlugen fehl. Im Dezember 1782 unternahmen die beiden Brüder in ihrem Heimatort Annonay einen ersten – erfolgreichen – Versuch mit einem Ballon, der mittels erhitzter Luft aufstieg. Sie verbrannten dazu Wolle und Heu. Die Montgolfiers glaubten fälschlich, der Rauch sei das Auftriebsmittel, und bevorzugten stark qualmende Brennmaterialien.*

*Am 4. Juni 1783 ließen sie wiederum in Annonay einen verbesserten Ballon aus Leinwand, der mit Papier abgedichtet worden war, vor Publikum aufsteigen.*

Dieser Flug dauerte zehn Minuten und soll eine Höhe von über 2000 m erreicht haben. Daraufhin lud König Ludwig XVI. die Montgolfiers zu einer Demonstration nach Paris ein und erteilte zugleich der Akademie der Wissenschaften den Auftrag, Versuche mit der „fliegenden Kugel" durchzuführen. Jean-Baptiste Réveillon lieferte Rat, Geld und farbige Tapete für den Ballon. Bereits am 19. September desselben Jahres ließen die Brüder in Anwesenheit des Königs vom Schloss Versailles aus einen Heißluftballon mit drei Tieren (Hammel, Ente und Hahn) aufsteigen. Der Flug dauerte gut acht Minuten. Da die Tiere das Experiment überlebten, gab der König die Erlaubnis zu einem Aufstieg mit Menschen.

Am 15. Oktober 1783 unternahm der Physiker Jean-François Pilâtre de Rozier mit königlicher Bewilligung die erste Fahrt eines Menschen in einer Montgolfière, in der er eine Höhe von etwa 26 Metern erreichte. Der Ballon war dabei noch mit Seilen am Boden verankert.

Am 21. November 1783 hoben Rozier und der Offizier François d'Arlandes erstmals in einer frei fliegenden Montgolfière ab. Der Flug dauerte 25 Minuten und endete erfolgreich auf der Butte aux Cailles. Ursprünglich sollten Sträflinge als Versuchspersonen eingesetzt werden; nach Protesten ließ man diesen Gedanken jedoch fallen.

1796 automatisierte Joseph Michel Montgolfier die von John Whitehurst 1772 erstmals aufgebaute Pulsation Engine und schuf damit eine autonom arbeitende Wasserpumpe, den hydraulischen Widder.

Die Brüder Montgolfier entwickelten in ihrer Fabrik ein Verfahren zur Herstellung von Transparentpapier; Jacques Étienne Montgolfier gründete später die erste Fachschule für Papiermacher. Sie waren Mitglieder der Académie des sciences in Paris.

# WILBUR UND ORVILLE WRIGHT

*Die Brüder Wright, auch Gebrüder Wright genannt, Wilbur Wright (\* 16. April 1867 in Millville, Indiana; † 30. Mai 1912 in Dayton, Ohio) und Orville Wright (\* 19. August 1871 in Dayton, Ohio; † 30. Januar 1948 ebenda) waren US-amerikanische Pioniere der Luftfahrt, die zu Beginn des 20. Jahrhunderts Flüge mit Gleitflugzeugen und schließlich gesteuerte Flüge mit einem von einem Motor angetriebenen Flugzeug (Motorflugzeug) absolvierten.*

*Die Wrights schnitten einen Propeller und ließen sich, da nirgends ein geeignetes Triebwerk zu bekommen war, eines von Charlie Taylor in der Fahrradfabrik herstellen. In kürzester Zeit entstand ein 12 PS starker und 81 kg schwerer, wassergekühlter Vierzylinder-Viertakt-Benzinmotor. Zur Kompensation des Drehmoments erhielt der Flugapparat zwei gegenläufige Luftschrauben. Diese wurden von Rollenketten angetrieben, welche durch Rohre geführt wurden, um Vibrationen zu vermeiden.*

*Am Vormittag des 17. Dezembers 1903 konnte Orville Wright schließlich den Erstflug mit dem Flyer absolvieren. Er war 12 Sekunden lang in der Luft und legte dabei 37 m zurück (10,8 km/h). Unmittelbar folgte Wilbur, jeder flog an diesem Tag zweimal. Wilbur gelang dabei ein Flug von 59 Sekunden mit einer Flugstrecke von 260 Metern (16 km/h).*

*Die Flugmaschine hatte 12,3 m Spannweite, war 6,4 m lang und 2,8 m hoch. Sie bestand aus Holz und einer Stoffbespannung und ihr Fluggewicht betrug 340 kg. Der Pilot lag auf der unteren Tragfläche.*

*Die entwicklungsgeschichtliche Bedeutung der Flüge der Wrights ist jedoch unbestritten. Ihre herausragende Leistung bestand*

in der Entwicklung des aerodynamischen Steuerungssystems des Flugzeugs um drei Achsen, der Voraussetzung für den kontrollierten Motorflug. Sie verwendeten einen Tragflächenverwindungsmechanismus, der Vorläufer des heutigen Querruders, zur Steuerung der Rollbewegung um die Längsachse (das seitliche Neigen), ein (vorn angebrachtes) Höhenruder für die Steuerung der Nickbewegung um die Querachse sowie ein Seitenruder für die Kontrolle des Gierens um die Hochachse, ohne welches eine Kurve weder ein- noch wieder ausgeleitet werden kann. Mit dieser Dreiachssteuerung hatten sie den aerodynamisch kontrollierten Motorflug entwickelt, wie er bis heute eine Grundlage des Flugzeugbaus ist.

Obwohl es schon vor 1903 Flugapparaten der Bauart „schwerer als Luft" gelungen war, sich vom Boden zu lösen, verhalf erst diese Erfindung der Wrights dem Motorflug zum Durchbruch. Die Flüge anderer Luftfahrtpioniere waren zum Teil ungesteuert oder motorlos, teilweise sind die Überlieferungen umstritten. Vor allem hatte es aber vor den Brüdern Wright niemand geschafft, die Versuche zu einem praktisch brauchbaren und verkaufbaren Flugzeug weiterzuentwickeln.

Die Brüder Wright haben ihre Flüge genauestens fotografisch und schriftlich dokumentiert, so dass keine Zweifel an ihrer Darstellung bestehen. Ihre Absicht zum exklusiven Verkauf ihrer Flugzeuge veranlasste sie aber zu weitgehender Geheimhaltung. Erst 1908 entschlossen sie sich – angesichts wachsender Konkurrenz – zu Schauflügen in Frankreich und
1909 in Deutschland.

# LOIS BLERIOT

*Louis Charles Joseph Blériot (* 1. Juli 1872 in Cambrai; † 2. August 1936 in Paris) war ein französischer Luftfahrtpionier. Mit der Blériot XI überquerte er am 25. Juli 1909 als erster Mensch den Ärmelkanal in einem Flugzeug. Sein Flug von Calais nach Dover dauerte 37 Minuten bei einer durchschnittlichen Flughöhe von 100 Metern.*

*Am 25. Juli 1909 überquerte Blériot mit der von ihm selbst konstruierten Blériot XI als erster Mensch in einem Flugzeug den Ärmelkanal. Für die rund 35 km lange Strecke von Calais nach Dover benötigte er 37 Minuten, was eine*

*Durchschnittsgeschwindigkeit von etwa 57 km/h ergibt. Die durchschnittliche Flughöhe lag bei 100 Metern. Sein Konkurrent Hubert Latham war bei seinem Überquerungsversuch am 19. Juli 1909 nach 13 Kilometern wegen Motorproblemen mit seiner Antoinette IV im Wasser niedergegangen.*

23

*Blériot konnte damit den von der englischen Zeitung Daily Mail für die erste Kanalüberquerung ausgelobten Geldpreis von 1.000 Pfund Sterling, heute umgerechnet etwa 100.000 Euro, entgegennehmen. Dies löste auch seine finanziellen Probleme, da er praktisch sein ganzes Vermögen und auch das seiner Frau Alicia, die er im Jahre 1901 geheiratet hatte, in seine Konstruktionen investiert hatte.*

*Auf diesen Flug hin erhielt Blériot mehr als hundert Bestellungen für den Typ XI, hergestellt wurden letztlich insgesamt etwa 800 Stück. Blériot wurde somit zum ersten kommerziellen Flugzeughersteller. Später bezeichnete man ihn als „Vater der modernen Eindecker".*

# JOHN ALCOK UND ARTHUR WHITTEN BROWN

*Sir John William Alcock KBE (\* 5. November 1892 in Heaton Moor/Manchester; † 18. Dezember 1919 in Rouen/Frankreich) war ein britischer Pilot. Zusammen mit seinem Navigator Arthur Whitten Brown gelang Alcock am 14./15. Juni 1919 der erste Nonstopflug über den Atlantik.*

*John Alcock und Arthur Whitten Brown überquerten in einer Vickers Vimy am 14./15. Juni 1919 als erste Menschen in einem Flugzeug nonstop den Atlantik, und zwar von West nach Ost. Der Flug startete um 13:45 h Ortszeit in St. John's, Neufundland, die Landung erfolgte nach 16 Stunden und 12 Minuten Flugzeit in der Nähe von Clifden in Irland nach 1980 geflogenen nautischen Meilen (3.667 km).*

*Der Flug wurde mit einem speziell für den Flug umgebauten Vickers Vimy-Bomber durchgeführt, der als Langstreckenbomber im Ersten Weltkrieg entwickelt worden war. Während des Fluges musste Brown aus dem Cockpit steigen, um einen der beiden Motoren vom Eis zu befreien. Alcock und Brown gewannen mit dem Flug einen Preis von 10.000 £ für den ersten Nonstopflug über den Atlantik, den der Inhaber der Londoner Zeitung Daily Mail, Lord Northcliffe, 1913 ausgesetzt und 1918 erneuert hatte. Bei der Landung erwies sich die ausgewählte „grüne Wiese" als Teil eines Hochmoores, des Derrygimlagh Bog, so dass die Räder im Sumpf versanken und die Maschine sich auf die Nase stellte. Alcock und Brown blieben unverletzt.*

*Die Motorenentwicklung lieferte Harry Ricardo, das optimierte Flugbenzin die Royal Dutch Shell Company durch Robert Waley Cohen.*

Nach dem Flug erhielten Alcock und Brown in London von Winston Churchill das Preisgeld überreicht und wurden am nächsten Tag von König Georg V. als Knight Commander des Order of the British Empire zum Ritter geschlagen.
Die Bemerkung von Lord Northcliffe, er sehe es als gutes Zeichen für die Zukunft, dass der Flug von einem Land des britischen Commonwealth gestartet und in einem weiteren beendet worden sei – zu einem Zeitpunkt, da Irland intensiv die Unabhängigkeit anstrebte – löste in Irland einen Eklat aus.

Ein Denkmal in Connemara, südlich von Clifden, erinnert an den Flug. John Alcock zu Ehren ist zudem die Alcock-Insel vor der Westküste des antarktischen Grahamlands benannt.

# CHARLES LINDBERGH

*Charles Augustus Lindbergh, Jr. (\* 4. Februar 1902 in Detroit, Michigan; † 26. August 1974 in Kīpahulu, Maui, Hawaii) war ein US-amerikanischer Pilot, Schriftsteller und Träger der Medal of Honor. Ihm gelang vom 20. bis 21. Mai 1927 der Nonstopflug von New York nach Paris, für den 1919 der Orteig-Preis von Raymond Orteig gestiftet worden war, und quasi nebenbei die erste Alleinüberquerung des Atlantiks, wodurch er zu einer der bekanntesten Personen der Luftfahrt wurde. Lindbergh schrieb mehrere Bücher über seinen Flug, darunter The Spirit of St. Louis (1953). Für dieses Werk erhielt er 1954 den Pulitzer-Preis.*

*Charles Augustus Lindbergh, jr., wurde in Detroit als Enkel eines schwedischen Einwanderers geboren, der seine Heimat aus politischen Gründen verlassen und bei seiner Emigration den Namen Lindbergh angenommen hatte. Sein Vater Charles August Lindbergh (1859–1924) war Rechtsanwalt und Kongressabgeordneter für Minnesota, seine Mutter Evangeline Lodge Land Chemielehrerin. Sein Großvater mütterlicherseits war der Zahnarzt Charles Henry Land (1847–1922), der die Jacketkrone (Mantelkrone) erfand und als „Vater der Porzellanzahnheilkunde" gilt. Schon als Kind interessierte sich Lindbergh für Motoren und Maschinen.*

*Ab 1926 beschäftigte er sich mit der Idee des Nonstopflugs von New York nach Paris. Im Mai 1919 hatte Raymond Orteig – ein in Frankreich geborener US-Amerikaner, der es vom Busschaffner zum wohlhabenden Hotelbesitzer gebracht hatte – einen Preis über 25.000 US-Dollar für den ersten Nonstopflug zwischen den beiden Städten, egal in welcher Richtung, ausgesetzt. Einige Piloten waren bereits an dieser Aufgabe gescheitert.*

## 2

Lindbergh kontaktierte den ziemlich unbekannten Flugzeughersteller Ryan Aeronautical in San Diego und fragte an, ob Ryan eine einmotorige Maschine für diese Strecke bauen könne. Ryan nahm die Herausforderung an, und bereits am 28. April 1927 war das Flugzeug nach nur zwei Monaten Entwicklungs- und Bauzeit fertig. Die Maschine wurde Spirit of St. Louis getauft. Schon die Überführung des Flugzeugs von Küste zu Küste geschah in Rekordzeit. Am 20. Mai 1927 um 7:54 Uhr schließlich startete Lindbergh vom Roosevelt Field in New York zu seinem Alleinflug, dessen Strecke 5.808,5 km (3.610 Meilen) betrug. Als engagierter Freimaurer trug er während des Flugs das Freimaurersymbol auf seiner Jacke als Glücksbringer, auch das Flugzeug trug das Freimaurersymbol seiner Loge. Aus Gewichtsgründen hatte Lindbergh zugunsten maximaler Treibstoffzuladung auf Funkgerät und Sextant verzichtet und musste sich deshalb mit Armbanduhr, Karten und Kompass begnügen. Größte Probleme bereiteten ihm ein Schneesturm bei Neufundland, das er nach New York und Nova Scotia überflog, sowie die Überwindung der Müdigkeit auf seinem Weg über Südirland und Südengland auf den europäischen Kontinent. Die Navigation gelang ihm allerdings besonders gut, denn als er die Küste von Irland erreichte, war er nur 5 km vom Kurs abgewichen. Es war dann für ihn relativ leicht, an der Küste von Irland und England entlang zu fliegen und über den Ärmelkanal Frankreich zu erreichen. Paris schließlich fand Lindbergh durch die weithin sichtbare Beleuchtung des Eiffelturms mit dem Reklame-Schriftzug CITROEN.

In seiner Autobiografie schreibt Lindbergh, dass er mit dem Gedanken spielte, nach Rom weiterzufliegen, weil noch reichlich Treibstoff vorhanden war, er dort bei Tageslicht hätte landen können, und weil er sich nicht darüber klar war, wie sehr die Franzosen ihn erwarteten. Nach 33,5 Stunden landete er doch auf dem Flughafen Le Bourget in Paris unter dem Jubel einer begeisterten Menschenmenge und gewann damit das Preisgeld. Als „Flying Fool" (Fliegender Narr) von der Presse tituliert, fand zu seinen Ehren sogar eine Konfettiparade in New York statt – Lindbergh war ein Nationalheld geworden.

Lindbergh war jedoch nicht, wie oft behauptet, der Erste überhaupt, der den Atlantik überflog. Tatsächlich war er schon der 67. Mensch, der dies vollbrachte, denn die erste Nonstop-Atlantiküberquerung per Flugzeug gelang bereits 1919 John Alcock und Arthur Whitten Brown.

# GRAF ZEPPELIN

*Ferdinand Adolf Heinrich August Graf von Zeppelin (\* 8. Juli 1838 in Konstanz; † 8. März 1917 in Berlin) war ein deutscher württembergischer Graf, General der Kavallerie und der Entwickler und Begründer des Starrluftschiffbaus. Den Durchbruch des Baus von Starrluftschiffen und die Gründung der noch existierenden Luftschiffbau Zeppelin GmbH und der Zeppelin-Stiftung bewirkte die „Zeppelinspende des deutschen Volkes" von 1908. Die von ihm entwickelten Zeppeline kamen von 1909 bis 1914 in der zivilen Luftfahrt zum Einsatz (DELAG), dann verstärkt im Ersten Weltkrieg. Eine zweite Blüte erlebten sie nach von Zeppelins Tod in den 1920er und 1930er Jahren.*

*Am 13. August 1898 erwarb Zeppelin das Reichspatent Nummer 98580 für einen „Lenkbaren Luftfahrzug mit mehreren hintereinander angeordneten Tragkörpern". Der Entwurf für sein Starrluftschiff wurde hierdurch rückwirkend zum 31. August 1895 geschützt, und von nun an begann die*

*Phase des Baus und der Realisierung des ersten Luftschiffs. Die wichtigsten Merkmale von Zeppelins Konstruktion waren das starre Gerippe aus Aluminium, welches aus Ringen und Längsträgern aufgebaut war, die feste Verbindung der beiden Gondeln mit dem Gerippe, die Einteilung des Gasraumes in gleich große zylindrische Zellen und die Anbringung von Luftschrauben in der Höhe des Luftwiderstandsmittelpunktes. 1899 begann er mit dem Bau.*

*Die Luftschiffe wurden Zeppeline genannt. Von der Fachwelt und der breiten Öffentlichkeit wurden Zeppelins Ideen weiterhin überwiegend abgelehnt und* verspottet; Kaiser Wilhelm II. bezeichnete den Grafen als den „Dümmsten aller Süddeutschen". Zeppelin äußerte in dieser Zeit: „Für mich steht naturgemäß niemand ein, weil keiner den Sprung ins Dunkel wagen will. Aber mein Ziel ist klar und meine Berechnungen sind richtig".

1900 kam es zu drei Aufstiegen des LZ 1 über dem Bodensee. Die immer besseren Resultate führten zu einer spontanen Begeisterung in der Bevölkerung, was entscheidend dazu beitrug, dass der Graf die Technik der Luftschiffe und ihres Betriebes weiterentwickeln konnte. Am 7. Januar 1901 verlieh der Kaiser ihm den Roten Adlerorden I. Klasse. Am 5. Dezember 1905 erhielt er den Charakter als württembergischer General der Kavallerie. Zeppelin kaufte der Witwe des ungarischen Luftfahrt-Enthusiasten und Erfinders David Schwarz die Entwürfe und Patente ihres Ehemanns ab und nutzte sie für seine Entwicklungen.

Obwohl Zeppelin sich dem Luftschiffbau verschrieben hatte, war er dennoch weitsichtig genug um den Bau von Großflugzeugen voranzutreiben. So unterstützte er die Firmengründungen der Maybach Motorenwerke und des Flugzeugbaus Friedrichshafen und gründete selbst die Zeppelin-Werke Friedrichshafen (später Dornier) und Staaken.

Der Flugzeugbau Friedrichshafen wurde zu einem der führenden Hersteller von zweimotorigen Großflugzeugen während bei den Zeppelin-Werken in Berlin-Staaken und Friedrichshafen noch größere sog. Riesenflugzeuge entstanden. Chefkonstrukteur Claude Dornier führte die von den Luftschiffen übernommene Leichtmetallbauweise im Flugzeugbau ein und Zeppelin erlebte noch den Erstflug der ersten Riesenflugboote.

## AUGUSTE PICCARD
## UND PAUL KIPFER

*Auguste Piccard (\* 28. Januar 1884 in Basel; † 24. März 1962 in Lausanne) war ein Schweizer Wissenschaftler, Physiker (Experimentalphysik) und Erfinder.*
*Er ist der Zwillingsbruder des Chemikers Jean-Felix Piccard und Vater von Jacques Piccard.*

*Der Psychiater und Ballonfahrer Bertrand Piccard ist sein Enkel.*

*Von Augsburg aus gestartet, stellten Piccard und sein Assistent Paul Kipfer am 27. Mai 1931 an Bord des FNRS-1 einen Ballon-Höhenrekord von 15.785 m auf.*

*Eine wichtige Motivation für Piccards Aufstiege in die obere Atmosphäre war die Möglichkeit, dort kosmische Höhenstrahlung zu messen. Piccard wollte damit experimentelle Beweise für die Theorien seines Freundes Albert Einstein sammeln. Einstein hatte wie Piccard an der ETH studiert. Sie trafen sich auf der legendären 5. Solvay-Konferenz 1927, die alle damals bedeutenden Physiker der Relativitätstheorie, Atom- und Quantenphysik vereinte. Die Ballonflüge von Piccard wurden theoretisch in Zusammenarbeit mit Albert Einstein vorbereitet und konnten tatsächlich einen Teil der speziellen Relativitätstheorie erfolgreich experimentell beweisen.*

*Am 18. August 1932 stieg Auguste Piccard mit dem belgischen Physiker Max Cosyns (1906–1998) zum zweiten Mal mit einem Gasballon auf, diesmal von Dübendorf in der Schweiz aus. Sie stellten mit 16.940 Metern (geometrische Messung, barometrisch 16.201 Meter) einen neuen Weltrekord auf, der später auf 23.000 m erhöht wurde.*

Nach dem Zweiten Weltkrieg entwickelte er den Bathyskaph (FNRS-2 und Trieste), einen Typ des Unterseeboots zur Erforschung der Tiefsee. Am 30. September 1953 stellte Piccard mit der Trieste einen neuen Rekord auf, als er im Tyrrhenischen Meer, begleitet von seinem Sohn Jacques Piccard, auf eine Tiefe von 3.150 Metern tauchte. Das Ziel dieses Tauchgangs war die Erforschung des Tiefseelebens.

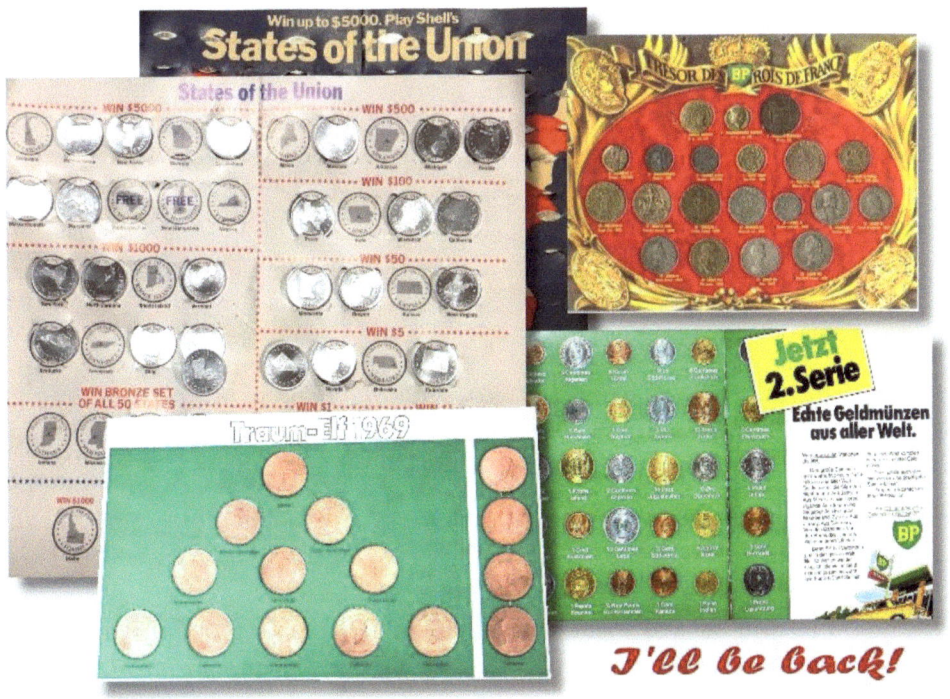

# HEINKEL HE 178

Die Ernst Heinkel Flugzeugwerke GmbH (ab 1943 Ernst Heinkel AG), kurz Heinkel, war eines der größten deutschen Flugzeugbauunternehmen in der ersten Hälfte des 20. Jahrhunderts. Die Ernst Heinkel Flugzeugwerke hielten 1352 Patente auf dem Gebiet des Flugwesens und 587 Schutzrechte im Triebwerksbereich. Maschinen und Lizenzen wurden nach Dänemark, Finnland, Schweden, Ungarn, die Sowjetunion und nach Asien verkauft. Die Firma konstruierte Zivil- und später insbesondere auch Militärflugzeuge. Sie brachte Rostock in der ersten Hälfte des 20. Jahrhunderts den

endgültigen Durchbruch in Sachen Industrialisierung. Rostock wurde moderne Großstadt und Hochtechnologie-Standort. Die Zahl der Mitarbeiter stieg von etwa 1000 im Jahr 1932 auch durch den Betrieb weiterer Werke in Deutschland und im besetzten Polen und Österreich über rund 9000 Mitte 1939 auf etwa 16.000 Ende 1944.

Die Heinkel HE 178 war ein Versuchsflugzeug der Ernst Heinkel Flugzeugwerke. Es war das erste Flugzeug der Welt, das von einem Strahltriebwerk angetrieben wurde.

Der Erstflug mit Strahlantrieb wurde am 27. August 1939, wenige Tage vor dem Beginn des Zweiten Weltkriegs, von Testpilot Erich Warsitz in Rostock-Marienehe durchgeführt. Er dauerte rund acht Minuten.

Die HE 178 war als einstrahliges Flugzeug ausgelegt. Das Flugzeug war ein Schulterdecker mit konventionellem Einziehfahrwerk. Damit ist die HE 178 einer der wenigen Strahlflugzeugtypen mit Spornrad. Der Rumpf war in Schalenbauweise aus Duraluminiumblech hergestellt. Die Tragflächen bestanden aus Holz. Eine Asbestbeschichtung sollte die betroffenen Holzteile vor der Hitze des Triebwerkes schützen. Die Luft für das Triebwerk wurde durch eine große Öffnung im Rumpfbug eingesogen, durch einen Kanal unter der Pilotenkanzel in das rumpfmittig eingebaute Triebwerk geleitet und durch ein konisches Schubrohr am Heck ausgestoßen.

Obwohl beim ersten Flug nur eine relativ geringe Schubkraft erreicht wurde, erzielte die HE 178 eine erhebliche Geschwindigkeitssteigerung im Vergleich zu herkömmlichen Flugzeugen mit Kolbentriebwerken. Das Reichsluftfahrtministerium (RLM) hatte jedoch keinerlei Interesse an einer Serienproduktion des schon wegen seiner geringen Reichweite für Einsatzzwecke ungeeigneten Flugzeuges und hatte unter der Bezeichnung HE 180 (später als Heinkel HE 280 realisiert) bereits vor dem Erstflug der He 178 die Entwicklung eines zweistrahligen Jagdflugzeuges angeordnet. Der Auftrag für einen Parallelentwurf ging an Messerschmitt.

# SIKORSKY VS-300

*Der Sikorsky VS-300, gebaut von Igor I. Sikorski, war der erste für praktische Zwecke einsetzbare Hubschrauber in den USA.*

*Der VS-300 (Vought-Sikorsky 300) verfügte über einen dreiblättrigen Hauptrotor, der von einem 55-kW-Motor angetrieben wurde. Der Heckrotor diente zum Ausgleich des vom Hauptrotor erzeugten Drehmoments und war über ein Umlenkgetriebe mechanisch mit dem Hauptrotor gekoppelt. Den Rumpf bildete eine unverkleidete Stahlgitterkonstruktion, erst für die längeren Flugversuche beim letzten Modell wurde diese mit einer aerodynamisch geformten Blechverkleidung versehen.*

*Der Erstflug erfolgte am 14. September 1939, allerdings noch mit Kabelverbindung zum Boden, der erste Freiflug fand dann am 13. Mai 1940 statt. Nur ein Jahr später, am 6. Mai 1941, stellte Sikorsky mit dem VS-300 einen neuen Dauerflug-Rekord von einer Stunde, 32 Minuten und 26 Sekunden auf. In der folgenden Zeit bis zum 8. Dezember 1941*

*wurde der Hubschrauber vielen technischen Veränderungen unterzogen. Die endgültige Version des VS-300 flog insgesamt 102 Stunden, 35 Minuten und 51 Sekunden, bis sie dem Edison Institute, heute The Henry Ford, in Dearborn (Michigan) übergeben wurde.*

*Der VS-300 diente als Vorbild für den in Serie hergestellten VS-316 (R-4). Er demonstrierte weiterhin die Vorteile der Heckrotor-Konfiguration, die bis heute bei der weit überwiegenden Anzahl von Hubschraubern zum Einsatz kommt.*

# BELL XS-1

Die Bell X-1 war ein amerikanisches Experimental- und Raketenflugzeug, das von der Bell Aircraft Co. für ein gemeinsames Forschungsprojekt der US Air Force und dem National Advisory Committee for Aeronautics (NACA) gebaut wurde. Der einsitzige Mitteldecker war speziell dafür entwickelt worden, die Schallmauer im Horizontalflug zu durchbrechen.

Der Jungfernflug der Bell X-1 erfolgte am 25. Januar 1946 ohne eigenen Antrieb im reinen Gleitflug. Später konnten die ersten Flüge mit Triebwerk durchgeführt werden.

Am 14. Oktober 1947 gelang dann Captain Charles „Chuck" Yeager mit der von ihm „Glamorous Glennis" genannten Maschine der erste bemannte horizontale Überschallflug. Die Maschine erreichte eine Geschwindigkeit von Mach 1,06 (1125 km/h) in etwa 13.100 m (43.000 ft) Flughöhe.

Die Maschine wurde in der Luft von einem Mutterflugzeug (einer Boeing B-29 oder B-50) abgeworfen und setzte den Flug dann im Gleitflug oder mit einem eigenen Triebwerk fort. Die Maschine hat ungepfeilte Tragflächen und ein Kreuzleitwerk. Das Fahrwerk war einziehbar. Der Flugzeugrumpf war nach dem Profil eines .50 BMG-Geschosses geformt, da man von diesem Geschoss wusste, dass es bei Überschallgeschwindigkeit eine stabile „Fluglage" hatte.

Die Triebwerkstechnik stammte von Reaction Motors Inc. und war eine Weiterentwicklung der deutschen Raketentechnik des Zweiten Weltkrieges. Der Treibstoff, Alkohol und Sauerstoff, wurde dabei durch unter Hochdruck stehenden Stickstoff in die Brennkammern gefördert.

# DE HAVILLAND COMET

Die vierstrahlige britische de Havilland DH.106 Comet war das erste in Serie gebaute Strahlverkehrsflugzeug der Welt. Hersteller war die de Havilland Aircraft Company (das erste Strahlverkehrsflugzeug überhaupt war jedoch der Prototyp Vickers Type 618 Nene-Viking, die mehr als ein Jahr vor der Comet, am 6. April 1948, zum Erstflug abhob). Die Comet war als Tiefdecker für zunächst 36 Passagiere ausgelegt. Die vier Triebwerke waren in die Tragflächenwurzeln integriert. Der Erstflug des Prototyps fand am 27. Juli 1949 statt. Am 4. Oktober 1958 überquerten zwei Comet 4, eine nach Osten und eine nach Westen, als erste Passagierjets den Atlantik im Nonstopflug.

Gegen Ende des Zweiten Weltkrieges entstanden erstmals Pläne für ein ziviles Strahlverkehrsflugzeug. Bereits ab 1942 beschäftigte sich das Brabazon-Komitee um Geoffrey de Havilland, einem bekannten englischen Flugzeugbauer, mit der Entwicklung von Nachkriegsflugzeugen. Aus den vom Brabazon-Komitee unter dem Namen Brabazon IV zusammengefassten Anforderungen resultierte die DH-106 Comet, ein Tiefdecker mit vier de Havilland Ghost-Strahltriebwerken. Der Prototyp der Comet startete am 27. Juli 1949 zum Erstflug.

Am 2. Mai 1952 nahm die British Overseas Airways Corporation (BOAC), die von Anfang an maßgeblich an der Planung beteiligt gewesen war, als erste Gesellschaft weltweit den planmäßigen Liniendienst mit einem Düsenverkehrsflugzeug auf. Der Erfolg der Düsenverkehrsflugzeuge war vorauszusehen. Die Comet verkürzte mit ihrer Reisegeschwindigkeit von 800 km/h die Reisedauer auf die Hälfte, war vibrationsfrei und ruhig. Dies führte schnell zu zahlreichen Bestellungen bei de Havilland.

# SPUTNIK 1

*Sputnik 1 (russisch Спутник für Weggefährte, Begleiter, Trabant (der Erde)) war der erste künstliche Erdsatellit, gestartet am 4. Oktober 1957.*

*Der Satellit war zwar von der Sowjetunion für den Verlauf des Internationalen Geophysikalischen Jahres (IGY 1957–58) angekündigt worden, doch rechnete die westliche Fachwelt erst Mitte 1958 mit der Fertigstellung der sowjetischen Entwicklungen und wurde durch den Start überrascht. Auch in der westlichen Öffentlichkeit löste der Start Besorgnisse aus; diese wurden mit dem Begriff Sputnikschock benannt.*

*Er verglühte am 4. Januar 1958, 92 Tage nach dem Start, als er wieder in tiefere Schichten der Erdatmosphäre eintrat.*

*US-Präsident Eisenhower hatte am 29. Juli 1955 die Entwicklung eines amerikanischen Erdsatelliten in Auftrag gegeben, worauf die UdSSR vier Tage später, am 2. August 1955, eine ähnliche Entwicklung ankündigte. Der erfolgreiche Start am 4. Oktober 1957 um 19:28:34 GMT (5. Oktober Ortszeit) von der Startrampe 1 in Baikonur (Kasachische SSR) überraschte alle Welt. Die Trägerrakete Sputnik des Satelliten war eine Weiterentwicklung militärischer Interkontinentalraketen durch den Konstrukteur Sergei Koroljow. Die Leistungsfähigkeit sowjetischer Raketen war für Politiker und Militärs der westlichen Welt ein zusätzlicher Grund zur Sorge. Das politische Klima zwischen den Großmächten USA und UdSSR hatte sich in den Vorjahren verschlechtert (siehe Koreakrieg Juni 1950–Juli 1953, Wettrüsten, Kernwaffentests, August 1953: erste Wasserstoffbombe der UdSSR). Bis zum Ende des Kalten Krieges 1989 wurde massiv in Waffen investiert – Verteidigungswaffen, Angriffswaffen und Massenvernichtungswaffen.*

## WERNHERR VON BRAUN

*Wernher Magnus Maximilian Freiherr von Braun (\* 23. März 1912 in Wirsitz, Provinz Posen, Deutsches Reich; † 16. Juni 1977 in Alexandria, Virginia, Vereinigte Staaten) war als deutscher und später US-amerikanischer Raketeningenieur ein Wegbereiter der Raketenwaffen und der Raumfahrt. Er genoss aufgrund seiner Pionierleistungen zunächst als führender Konstrukteur der ersten leistungsstarken, funktionstüchtigen Flüssigkeitsrakete Aggregat 4 („V2") und später wegen seiner leitenden Tätigkeit beim Bau von Trägerraketen für die NASA-Missionen hohes Ansehen.*

*Am 4. Oktober 1957 startete die Sowjetunion den ersten künstlichen Erdsatelliten Sputnik in eine Umlaufbahn. Der sowjetische Erfolg hatte in Amerika die unproduktive Konkurrenz der Teilstreitkräfte aufgezeigt. Im Juli 1958 wurde aus diesem Grund die zivile Luft- und Raumfahrtbehörde NASA gegründet. Die Verantwortlichen der NASA wollten von Beginn an von Brauns in der Raketenentwicklung erfahrene Abteilung übernehmen. Das Budget hätte jedoch nur für etwa 2000 der 5000 Angestellten gereicht, erst als sich ein Jahr später die finanzielle Situation verbessert hatte, war die Übernahme der ganzen Abteilung gesichert. Von Braun und sein Team wurden offiziell im Oktober 1959 der NASA überstellt. Bereits vorher war die Entscheidung zum Bau der Saturn-Rakete (der späteren Saturn I) gefallen. Außerdem wurde das Mercury-Programm vorangetrieben, das erstmals den Flug eines Astronauten in den Weltraum ermöglichen sollte.*

# JURI GAGARIN

*Juri Alexejewitsch Gagarin (\* 9. März 1934 in Kluschino, † 27. März 1968) war ein sowjetischer Kosmonaut und der erste Mensch im Weltraum.*

*Er war Oberst der sowjetischen Luftstreitkräfte und trug die Auszeichnung Held der Sowjetunion.*

*1960 wurde Gagarin als potenzieller Kosmonaut ausgewählt. Am 3. März kam er auf Befehl des Oberkommandierenden der Luftstreitkräfte Konstantin Andrejewitsch Werschinin in die Gruppe der Kosmonautenkandidaten und erhielt vom 11. März*

*1960 bis Januar 1961 eine entsprechende Ausbildung. Er wurde vor allem wegen seines ruhigen Temperaments aus den 20 möglichen Kandidaten ausgewählt. Am 12. April 1961 absolvierte der 1,57 m große Pilot mit dem Raumschiff Wostok 1 seinen spektakulären Raumflug und umrundete dabei nach offiziellen Angaben in 108 Minuten (eigentlich 106[4][5]) einmal die Erde. Er landete im Wolga-Gebiet, in der Nähe der Städte Saratow und Engels. Auf dem Landeplatz steht heute ein Denkmal,*

*und der Jahrestag seines Raumfluges wird dort heute noch jährlich mit einer kleinen Feier begangen.*

*Unmittelbar vor seinem Raumflug musste sich Gagarin erleichtern und tat dies am Hinterreifen des Transportbusses. Diese Pinkelpause wird seitdem auf dem Weg zur Startrampe aus Tradition von allen russischen Kosmonauten eingehalten.*

*Der Spind von Gagarin im Sternenstädtchen wurde nach seinem Tod in seinem Zustand belassen, die ursprünglich furnierte Tür jedoch verglast. Darin zu sehen sind u. a. ein Tennisschläger aus Holz und Tennisschuhe.*

# WOSKHOD 2

Woschod 2 (russisch Восход „Sonnenaufgang") war ein sowjetischer bemannter Raumflug im Rahmen des sehr kurzen Woschod-Programms. Zum ersten Mal verließ ein Raumfahrer die schützende Hülle seines Raumschiffes und schwebte frei im All (Außenbordeinsatz).

Woschod 2 startete am 18. März 1965 um 07:00 Uhr UT vom Raketenstartplatz in Baikonur.

Schon während der ersten Umkreisung wurde die aufblasbare Luftschleuse ausgefahren. Leonow zwängte sich in die kleine Schleuse, die daraufhin dekomprimiert wurde. Die Kabine mit Beljajew blieb unter Druck, was ihm die Möglichkeit nahm, seinem Kameraden im Notfall wirksame Hilfe leisten zu können. Gegen 08:30 Uhr UT begab sich Leonow ins All.

Kurz darauf befand sich Woschod 2 wieder im UKW-Empfangsbereich der sowjetischen Bodenstationen, so dass eine Fernsehkamera an der Außenseite von Woschod Bilder dieses historischen Moments zur Erde senden konnte.

Leonow befand sich rund 12 Minuten mit einer Sicherungsleine gesichert neben dem Raumschiff. Als er sich wieder in die Schleuse begeben wollte, erwies sich dies schwieriger als gedacht, weil sein Raumanzug sich durch den fehlenden Gegendruck aufgebläht hatte und unbeweglich geworden war. Erst mit einer Druckreduzierung und mit dem Kopf voran konnte er sich unter extremer Anstrengung wieder in die Schleuse begeben. Danach wurde in der externen Schleuse der Druckausgleich zum Innendruck der Kabine durchgeführt.

# GEMINI 8

*Gemini 8 (GT-8) war ein bemannter Weltraumflug im Rahmen des US-amerikanischen Gemini-Programms.*

*Am 8. Januar 1966 traf das Gemini-Raumschiff in Cape Kennedy ein. Am 13. Januar wurde die Titan-Trägerrakete an der Startrampe errichtet. Das Raumschiff wurde am 31. Januar auf die Trägerrakete montiert.*

*Am 16. März wurde der Zielsatellit mit einer Atlas-Agena-Rakete erfolgreich gestartet. Eine Erdumkreisung (ca. 100 Minuten) später folgte Gemini 8 mit den Astronauten Armstrong und Scott. Die Astronauten konnten die Agena aus 330 km Distanz per Radar und aus 140 km Distanz visuell orten, nachdem sie zunächst ihr Apogäum, dann ihr Perigäum und zuletzt ihre Bahnebene an die Umlaufbahn der Agena angepasst hatten. Nach etwa sechs Stunden Flug hatte das Raumschiff den Satelliten eingeholt, kurz darauf und nach einer Inspektion dockte Gemini 8 an. Dies war die erste Kopplung zweier Raumfahrzeuge in der Erdumlaufbahn.*

# APOLLO 8

*Apollo 8 war der zweite bemannte Raumflug des US-amerikanischen Apollo-Programms und der erste bemannte Flug zum Mond und damit zu einem anderen Himmelskörper. Die drei Astronauten Frank Borman, William Anders und James "Jim" Lovell waren die ersten Menschen, die mit eigenen Augen die Rückseite des Mondes sahen.*

*Apollo 8 startete am Morgen des 21. Dezember 1968 um 7:51:00 Ortszeit (EST), (12:51 UTC) vom Kennedy Space Center in Florida und erreichte drei Tage später, am Heiligabend 1968, die Mondumlaufbahn. Große Bekanntheit erlangte die Fernsehübertragung aus dem Mondorbit, während der die drei Astronauten die ersten Zeilen der biblischen Schöpfungsgeschichte als Weihnachtsbotschaft verlasen und das auf dieser Mission entstandene Earthrise-Foto.*

*Kommandant von Apollo 8 war Frank Borman, Colonel der Air Force. Er war Mitglied der zweiten Astronautengruppe, die am 17. September 1962 ausgewählt wurde. Zuvor hatte er 1957 einen Master of Science in Luft- und Raumfahrttechnik erhalten und bis 1960 als Assistenzprofessor für Thermodynamik und Fluidmechanik an der Militärakademie in West Point gelehrt. Borman hatte 1965 bereits mit Gemini 7 einen 14-tägigen Langzeitraumflug unternommen.*

*Pilot des Kommandomoduls war James Lovell, Captain der US Navy und ebenfalls Astronaut der zweiten Auswahlgruppe. Er hatte 1952 an der United States Naval Academy den Grad des Bachelor of Science erworben. Lovell war bereits während des Rekordfluges von Gemini 7 zusammen mit Frank Borman geflogen und hatte als*

Kommandant von Gemini 12 einen zweiten Raumflug absolviert. Lovell galt als einer der erfahrensten Astronauten der NASA.

William Anders, das dritte Mitglied der Besatzung, Major der Air Force und Astronaut der dritten Auswahlgruppe vom 17. Oktober 1963, war Weltraumneuling. Ursprünglich als Pilot des Lunar Module eingeteilt, übernahm er nun die Aufgabe des Bordingenieurs und Fotografen. Er war neben Borman ein Besatzungsmitglied mit einer gut fundierten wissenschaftlichen Ausbildung, Anders hatte einen Bachelor in Elektrotechnik sowie einen Master of Science in Nukleartechnik, zudem hatte er bei der NASA mehrere Kurse zur Geologie besucht.

Am 2. Dezember 1968 wurden die Tanks der ersten Stufe der Saturn-Rakete zum ersten Mal mit RP-1, einem hochdestillierten Kerosin, und flüssigem Sauerstoff befüllt und unter Druck gesetzt. Am 5. Dezember begann der fünftägige Count Down Demonstration Test (CDDT), der den Ablauf des Starts simulierte. Im Anschluss an den Test wurden die Tanks wieder geleert.

Der Startcountdown begann am 15. Dezember 1968 um 19 Uhr Ortszeit, Eastern Standard Time, (EST), bei T – 103 Stunden. Bei T – 9 Stunden wurde der Countdown für 6 Stunden angehalten, um kleinere Probleme beheben zu können. 8 Stunden vor dem geplanten Starttermin, kurz vor Mitternacht am 20. Dezember, begann die Befüllung der Raketenstufen mit flüssigem Sauerstoff, Kerosin und Flüssigwasserstoff. Diese Arbeiten dauerten etwa bis dreieinhalb Stunden vor dem Start. Die Arbeiten wurden von der Ersatzmannschaft (Armstrong, Aldrin und Haise) überwacht, die auch am Abend zuvor die Funktionsfähigkeit des Raumschiffs überprüft hatte.

Die drei Astronauten wurden um 2:36 Uhr geweckt. Nach einer gründlichen medizinischen Untersuchung folgte um halb vier morgens ein gemeinsames Frühstück mit den Leitern und Offiziellen der NASA. Um kurz nach 4 Uhr begannen die drei Astronauten, unterstützt von mehreren Technikern, ihre Raumanzüge anzulegen, um 4:32 Uhr verließen sie das Manned Spacecraft Operations Building und wurden mit einem Transporter zur Startplattform gebracht. Nachdem die Besatzung mit dem Aufzug zur Spitze der Rakete gebracht worden war, begann um 4:58 Uhr die Einstiegsprozedur. Es dauerte etwa zehn Minuten, bis alle drei Astronauten in der

Apollo-Kapsel festgeschnallt waren und die Luke hermetisch verschlossen werden konnte.

25 Minuten vor dem Start wurde die Stromversorgung des Kommandomoduls von externer auf interne Versorgung umgestellt; die Energie wurde nun von drei Brennstoffzellen geliefert. Bei $T-5$ Minuten wurde der oberste der neun Verbindungsarme zur Seite geschwenkt, der der Besatzung im Notfall eine Flucht ermöglicht hätte. Zwei Minuten vor dem Start wurden die Sauerstofftanks der ersten Stufe mittels Helium, das von außen zugeführt wurde, unter Druck gesetzt, eine Minute später auch die Tanks der anderen beiden Stufen. Weitere zehn Sekunden darauf übernahmen bordeigene Batterien die elektrische Versorgung der Raketensysteme. Die Zündungssequenz wurde um 7:50:52 Ortszeit (12:50:52 UTC) eingeleitet, die Saturn V wurde, während die fünf F-1-Triebwerke Schub aufbauten, von Halterungen festgehalten. 8 Sekunden später, um 7:51 (EST), hob die Rakete ab – (Bordzeit: 000:00:00 in hhh:mm:ss).

Während der nun folgenden zwei Erdumkreisungen wurden alle Systeme des Raumschiffs geprüft, ob sie für den Flug zum Mond bereit waren. Ein kleiner Zwischenfall passierte, als Jim Lovell durch eine unglückliche Bewegung die Rettungsweste seines Raumanzugs auslöste. Da diese mit reinem Kohlendioxid gefüllt war, durfte der Inhalt nicht in die Kapsel entlassen werden, da das $CO_2$ die Lithiumhydroxid-Filter der Apollo-Kapsel gesättigt hätte. Lovell behalf sich, indem er die Weste in den „urine dump", also die Toilette des Raumschiffs und damit in den Weltraum abließ.[16] 2 Stunden und 27 Minuten nach dem Start, während der zweiten Umkreisung, erhielt Apollo 8 dann die Freigabe zum Einschuss in die Bahn zum Mond (Trans Lunar Injection, TLI).

Nach zehn Umkreisungen des Mondes leiteten die Astronauten am 25. Dezember (06:10 UTC) die Rückkehr zur Erde ein, wo Apollo 8 am 27. Dezember (15:51 UTC) im Pazifischen Ozean wasserte. Das Kommandomodul (auch als Apollo-Kapsel oder in Englisch Command Module bezeichnet) wurde von der USS Yorktown (CV-10) geborgen.

# APOLLO 11

*Apollo 11 war die erste bemannte Raumfahrtmission mit einer Mondlandung. Sie war der fünfte bemannte Flug des Apollo-Programms der US-amerikanischen Raumfahrtbehörde NASA. Die Mission verlief erfolgreich und erreichte das 1961 von US-Präsident John F. Kennedy vorgegebene nationale Ziel, noch vor Ende des Jahrzehnts einen Menschen zum Mond und wieder sicher zurück zur Erde zu bringen.*

*Die drei Astronauten Neil Armstrong, Edwin „Buzz" Aldrin und Michael Collins starteten am 16. Juli 1969 mit einer Saturn-V-Rakete von Launch Complex 39A des Kennedy Space Center in Florida und erreichten am 19. Juli eine Mondumlaufbahn. Während Collins im Kommandomodul des Raumschiffs Columbia zurückblieb, setzten Armstrong und Aldrin am nächsten Tag mit der Mondlandefähre Eagle auf dem Erdtrabanten auf. Wenige Stunden später betrat Armstrong als erster Mensch den Mond, kurz danach auch Aldrin. Nach einem knapp 22-stündigen Aufenthalt startete die Landefähre wieder von der Mondoberfläche und kehrte zum Mutterschiff zurück. Nach Rückkehr zur Erde wasserte die Columbia am 24. Juli rund 25 Kilometer vom Bergungsschiff USS Hornet entfernt im Pazifik. Mit Apollo 11 wurden auch das erste Mal Gesteinsproben von einem anderen Himmelskörper zur Erde geholt.*

## Weltweit verfolgten rund 600 Millionen Menschen die Fernsehübertragung der Mondlandung 1969!

*Am 20. Juli 1969 um 20:17:58 Uhr UTC vermeldete Armstrong:*

*"Houston, Tranquility Base here. The Eagle has landed!"*

*„Houston, hier ist Tranquility Base. Der Adler ist gelandet!"*

*Am 21. Juli 1969 um 02:56:20 UTC (03:56:20 MEZ – In den USA war es noch der 20. Juli) betrat Neil Armstrong als erster Mensch den Mond und sprach die berühmten Worte:*

*"That's one small step for ‹a› man, one giant leap for mankind!"*

*„Das ist ein kleiner Schritt für einen Menschen, aber ein großer Sprung für die Menschheit!"*

# APOLLO 13

*Apollo 13 war die siebte bemannte Raumfahrtmission im Apollo-Programm*
*der US-amerikanischen Raumfahrtbehörde NASA mit dem Ziel der dritten*
*bemannten Mondlandung. Nach der Explosion eines Tanks mit superkritischem*
*Sauerstoff im Servicemodul des Apollo-Raumschiffs war die Landung auf dem*
*Mond nicht mehr möglich.*

*Die drei Astronauten Jim Lovell, Jack Swigert und Fred Haise mussten im Zuge*
*einer weltweit beachteten Rettungsaktion zur Erde zurückkehren.*

*Außer in den USA wurden zwei Sammelmünzen herausgegeben:*

APOLLO 13

APOLLO 13

LOVELL·HAISE & SWIGERT

1970

Offert

Mardi 14 avril 1970 – 3h54: une explosion assourdissante se produit a bord du vaisseau spatial Apollo 13, alors à 330.000 kilomètres de la terre et à 60.000 de la lune.

Vendredi 17 avril 1970 – 19h07: après 86 heures d'angoisse pour le monde entier, 86 heures de travail acharné pour les cosmonautes Lovell, Haise et Swigert comme pour les techniciens de la NASA, Apollo 13 amerrit dans l'océan pacifique: les cosmonautes sont sauvés.

Imprimé en Allemagne de l'Ouest par Dr. te Neues + Co., Kempen-Ndrh.

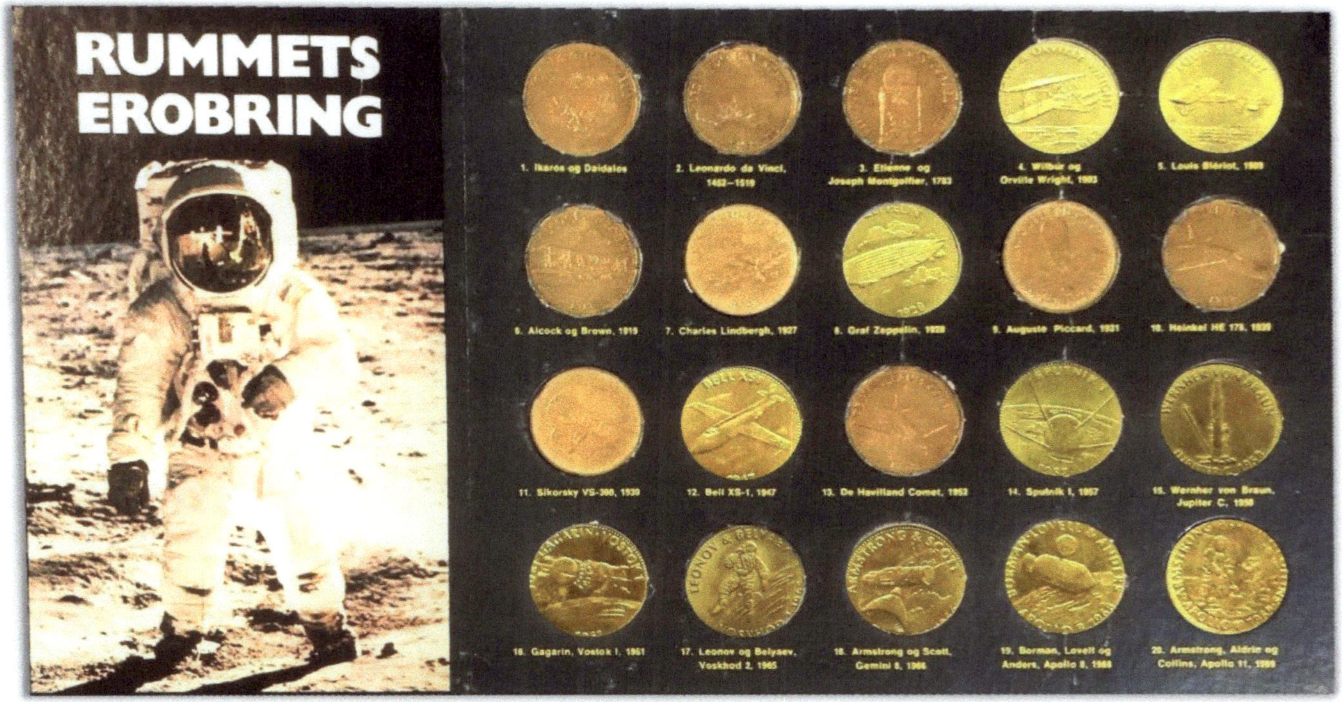

# RUMMETS EROBRING

**DÄNEMARK**

5. Louis Blériot, 1909

10. Heinkel HE 178, 1939

15. Wernher von Braun, Jupiter C, 1958

20. Armstrong, Aldrin og Collins, Apollo 11, 1969

4. Wilbur og Orville Wright, 1903

9. Auguste Piccard, 1931

14. Sputnik 1, 1957

19. Borman, Lovell og Anders, Apollo 8, 1968

3. Etienne og Joseph Montgolfier, 1783

8. Carl Zeppelin, 1928

13. De Havilland Comet, 1952

18. Armstrong og Scott, Gemini 8, 1966

2. Leonardo da Vinci, 1452–1519

7. Charles Lindbergh, 1927

12. Bell XS-1, 1947

17. Leonov og Belyayev, Voskhod 2, 1965

1. Ikaros og Daidalos

6. Alcock og Brown, 1919

11. Sikorsky VS-300, 1939

16. Gagarin, Vostok 1, 1961

**Finnland**

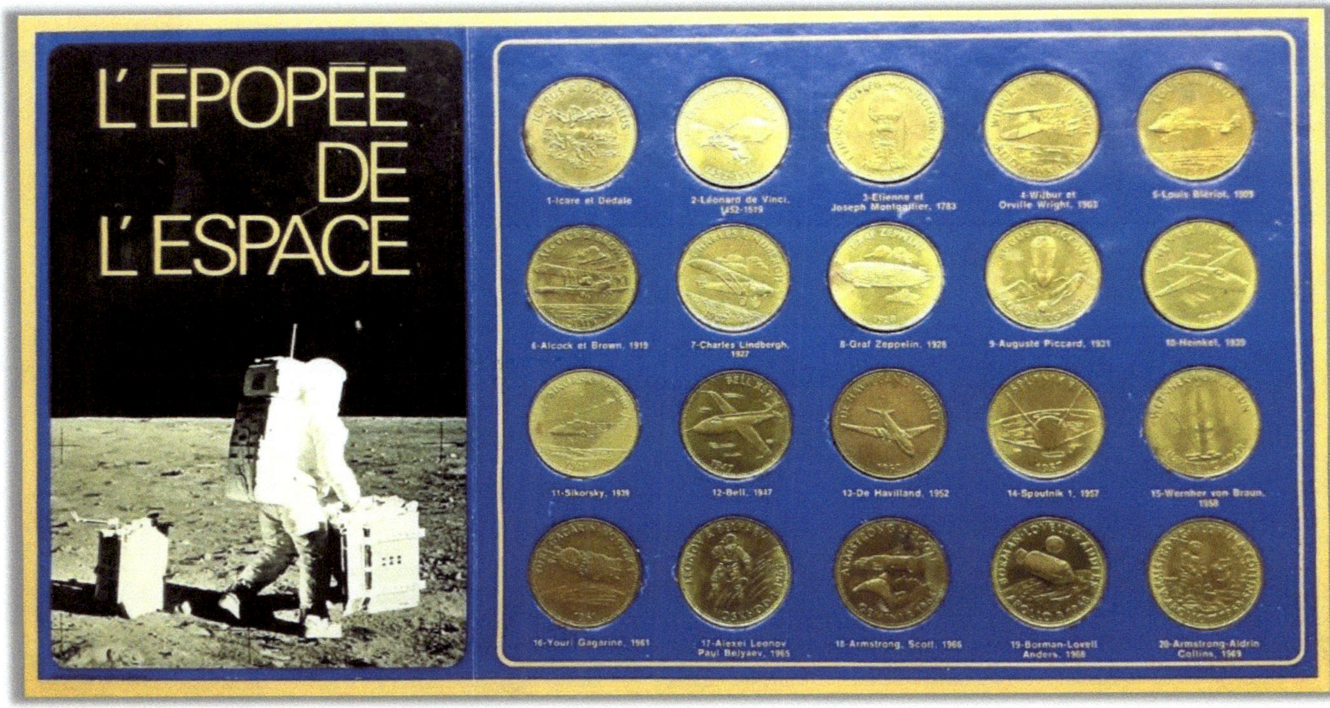
L'ÉPOPÉE DE L'ESPACE
1-Icare et Dédale
2-Léonard de Vinci, 1452-1519
3-Etienne et Joseph Montgolfier, 1783
4-Wilbur et Orville Wright, 1903
5-Louis Blériot, 1909
6-Alcock et Brown, 1919
7-Charles Lindbergh, 1927
8-Graf Zeppelin, 1928
9-Auguste Piccard, 1931
10-Heinkel, 1939
11-Sikorsky, 1939
12-Bell, 1947
13-De Havilland, 1952
14-Spoutnik 1, 1957
15-Wernher von Braun, 1958
16-Youri Gagarine, 1961
17-Alexei Leonov Paul Belyaev, 1965
18-Armstrong, Scott, 1966
19-Borman-Lovell Anders, 1968
20-Armstrong-Aldrin Collins, 1969

SHELL

# FRANKREICH

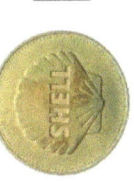

Man in Flight

Wilbur and Orville Wright, 1903

Graf Zeppelin, 1928

Sputnik 1, 1957

Armstrong, Aldrin and Collins, Apollo 11, 1969

Etienne and Joseph Montgolfier, 1783

Charles Lindbergh, 1927

De Havilland Comet, 1952

Borman, Lovell and Anders, Apollo 8, 1968

Leonardo da Vinci, 1452-1519

Alcock and Brown, 1919

Sikorsky VS 300, 1939

Alexei Leonov and Paul Belyaev, Voskhod 2, 1965

Icarus and Daedalus

Louis Bleriot, 1909

Auguste Piccard, 1931

Yuri Gagarin, Vostok 1, 1961

# GROßBRITANNIEN

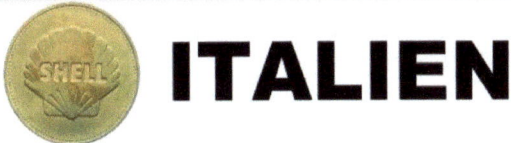

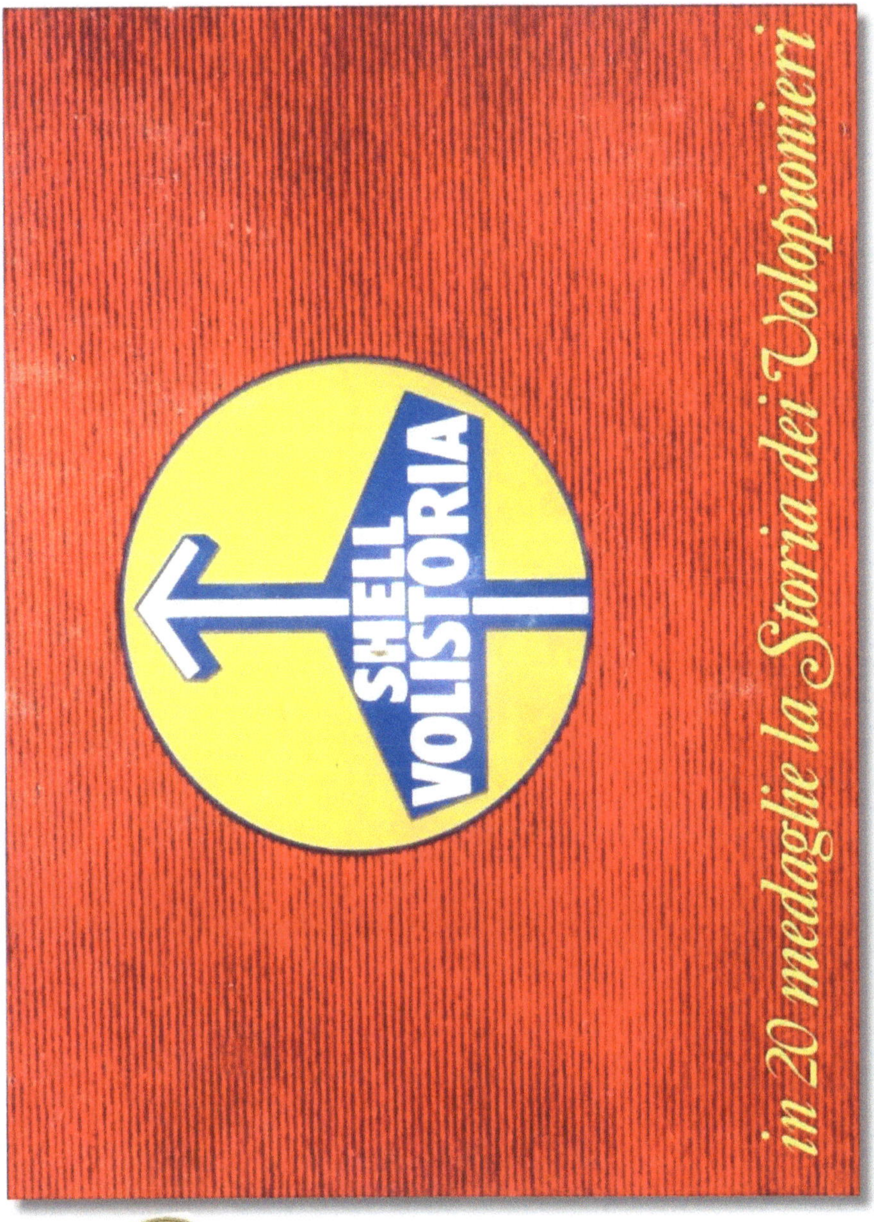
SHELL
VOLISTORIA
in 20 medaglie la Storia dei Volopionieri

SHELL

# ITALIEN

**Icaro e Dedalo**
I primi volopionieri appartengono alla mitologia. Prigionieri nel labirinto di Minosse, Dedalo e suo figlio Icaro tentano la fuga con ali artificiali. Solo Dedalo si salva.

**Alcock e Brown**
Giugno 1919. Prima traversata atlantica con aereo terrestre. Gli inglesi Alcock e Whitten-Brown, con un biplano Vickers-Vimy, da Terranova all'Irlanda in circa 16 ore e mezza.

**Sikorsky VS-300**
Settembre 1939. Primo volo in elicottero. E' un prototipo, il VS-300 e lo ha progettato, negli Stati Uniti, il russo Igor Sikorsky.

**Yuri Gagarin**
12 aprile 1961. Primo volo umano nello spazio. Yuri A. Gagarin compie un volo orbitale intorno alla Terra: sulla nave spaziale sovietica Vostok 1. Il volo dura 108 minuti.

**Leonardo da Vinci**
(1452-1519). Una delle più grandi e versatili figure del nostro Rinascimento. Leonardo ebbe molte geniali intuizioni sulle «macchine volanti»: persino sull'elicottero e il paracadute.

**Charles Lindbergh**
1927. Da New York a Parigi, senza scali, l'audace volo di Lindbergh si conclude felicemente in 33 ore e mezza. Lindbergh pilotava lo «Spirit of St. Louis», un robusto monoplano Ryan.

**Bell XS-1**
14 ottobre 1947. Primo volo supersonico. L'aereo-razzo Bell XS-1, dell'aviazione statunitense, è pilotato da Charles E. Yeager. Velocità: 1078 km/h, altitudine: 12.800 m.

**Leonov e Belyaev**
18 marzo 1965. Prima passeggiata umana nello spazio. Il cosmonauta Alexei Leonov esce dalla capsula spaziale Voskhod 2, legato a una corda, e fluttua nel lo spazio per oltre dieci minuti. Il compagno di viaggio è Pavel Belyaev.

**I fratelli Montgolfier**
Parigi, 1783. Con un aerostato costruito dai fratelli Etienne e Joseph Montgolfier, s'innalzano i primi volopionieri che la storia ricordi: Pilâtre de Rozier e il marchese d'Arlandes.

**Graf Zeppelin**
Il celebre dirigibile Graf Zeppelin (LZ-127) compie il suo primo volo nel 1928. In 9 anni di servizio trasporta 13.110 passeggeri. Nel '29 fa il giro del mondo in 20 giorni, 4 ore e 14 minuti.

**De Havilland Comet**
2 maggio 1952. Entra in servizio il De Havilland Comet I, britannico. E' il primo aereo civile a reazione

**Armstrong e Scott**
16 marzo 1966. Primo collegamento tra due veicoli spaziali. La Gemini 8, con Neil Armstrong e David Scott a bordo, si unisce al razzo bersaglio Agena

**Louis Blériot**
25 luglio 1909. L'aviatore francese Blériot, col suo monoplano, sorvola la Manica da Calais a Dover.

**Heinkel HE 178**
27 agosto 1939. Pilotato da Erich Warsitz, lo Heinkel HE 178 (tedesco) è il primo apparecchio a reazione a librarsi in volo.

**Auguste Piccard**
27 maggio 1931. Primo volo nella stratosfera. Lo scienziato svizzero Auguste Piccard, insieme a Paul Kipfer, raggiunge l'altitudine-record di 15.781 metri con il suo aerostato.

**Sputnik 1**
4 ottobre 1957. La Russia apre l'era dello spazio con lo Sputnik 1, il primo satellite artificiale della Terra. Pesa 83,6 kg. e resta in orbita fino ai primi giorni del 1958

**Apollo 8**
Dicembre 1968. Il primo volo umano intorno alla Luna. La missione Apollo 8 (partenza 21 dicembre, atterraggio sei giorni dopo) ha come protagonisti gli astronauti Borman, Lovell e Anders.

**Werner von Braun**
Figura chiave di tutto il programma spaziale USA. Lo scienziato tedesco è particolarmente coinvolto nello sviluppo del razzo Jupiter C, che il 31 gennaio 1958 mette in orbita il primo satellite americano.

**I fratelli Wright**
Kitty Hawk, USA, dicembre 1903. Primo volo con aeroplano a motore. Costruttori e piloti, Wilbur e Orville Wright.

**Luna!**
20 luglio 1969. Neil Armstrong è il primo uomo a mettere piede sulla Luna. Gli altri uomini della missione Apollo 11 sono Aldrin e Collins.

ITALIEN

55

**ITALIEN**

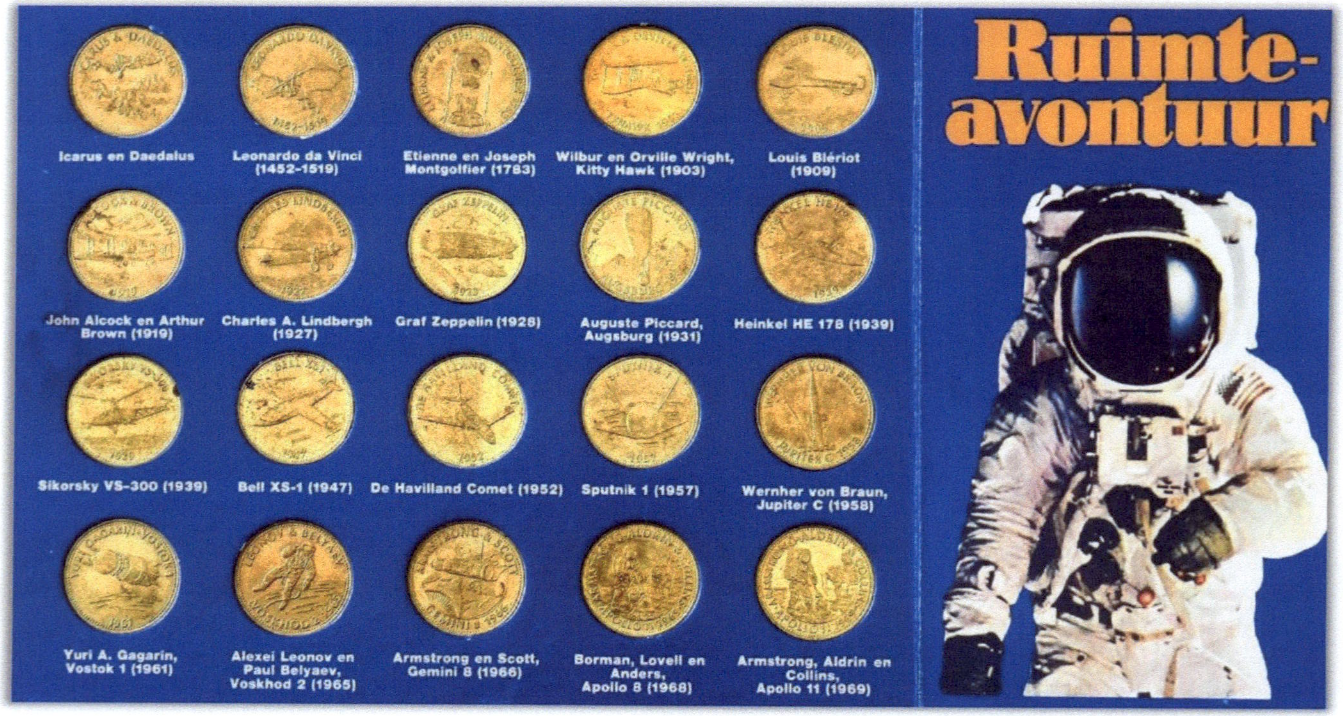

Ruïmte-avontuur

| | | | |
|---|---|---|---|
| Louis Blériot (1909) | Wilbur en Orville Wright, Kitty Hawk (1903) | Heinkel HE 178 (1939) | Wernher von Braun, Jupiter C (1958) |
| Etienne en Joseph Montgolfier (1783) | Graf Zeppelin (1928) | Auguste Piccard, Augsburg (1931) | Sputnik 1 (1957) |
| Leonardo da Vinci (1452-1519) | Charles A. Lindbergh (1927) | De Havilland Comet (1952) | Armstrong en Scott, Gemini 8 (1966) |
| Icarus en Daedalus | Bell XS-1 (1947) | Alexei Leonov en Paul Belyaev, Voskhod 2 (1965) | Armstrong, Aldrin en Collins, Apollo 11 (1969) |
| John Alcock en Arthur Brown (1919) | Sikorsky VS-300 (1939) | Yuri A. Gagarin, Vostok 1 (1961) | Borman, Lovell en Anders, Apollo 8 (1968) |

**Niederlande**

56

**MENNESKET I ROMMET**

1. Ikaros og Daidalos
2. Leonardo da Vinci, 1452–1519
3. Étienne og Joseph Montgolfier, 1783
4. Wilbur og Orville Wright, 1903
5. Louis Blériot, 1909
6. Alcock og Brown, 1919
7. Charles Lindbergh, 1927
8. Graf Zeppelin, 1928
9. Auguste Piccard, 1931
10. Heinkel HE 176, 1939
11. Sikorsky VS-300, 1939
12. Bell XS-1, 1947
13. De Havilland Comet, 1952
14. Sputnik I, 1957
15. Werhner von Braun, Jupiter C, 1958
16. Gagarin, Vostok I, 1961
17. Leonov og Beljanow, Voskhod 2, 1965
18. Armstrong og Scott, Gemini 8, 1966
19. Borman, Lovell og Anders, Apollo 8, 1968
20. Armstrong, Aldrin og Collins, Apollo 11, 1969

**NORWEGEN**

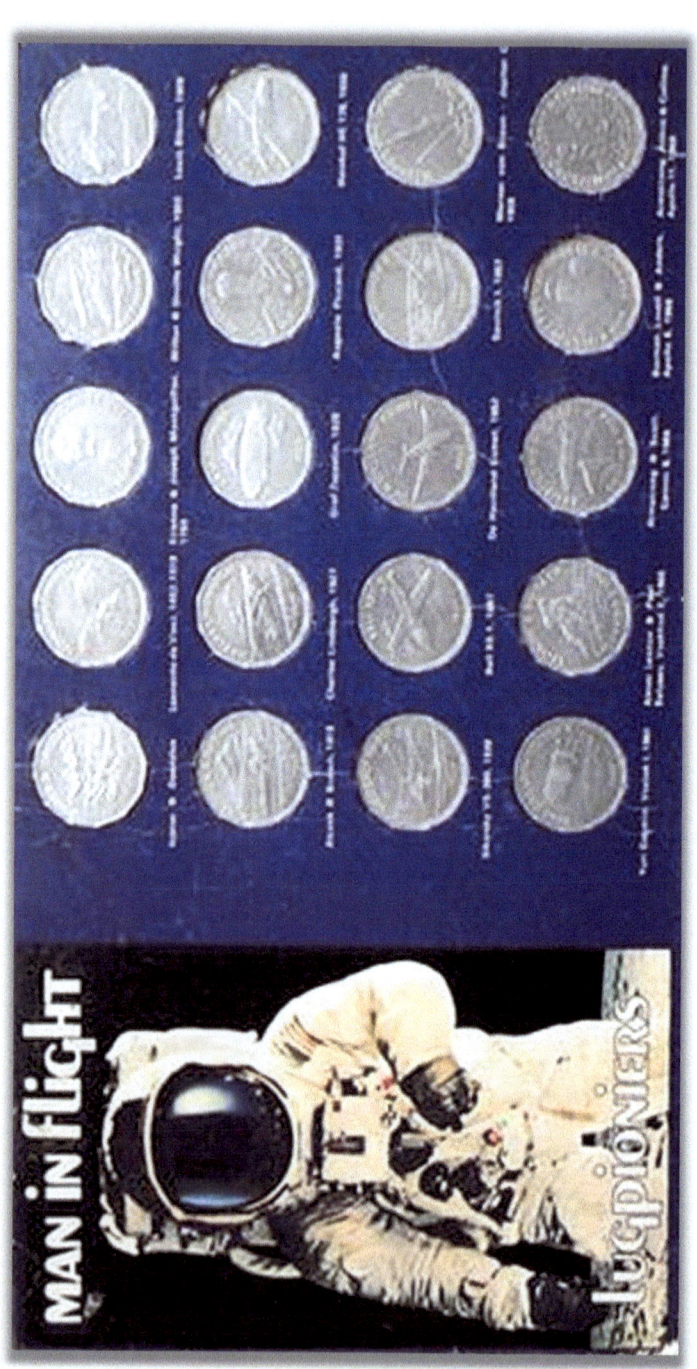

**SÜDAFRIKA**

59

6

# 17. Dezember 1903 – Der erste Motorflug der Welt

*Wilbur Wright (stehend) und sein Bruder Orville (im Flugzeug liegend) unmittelbar nach dem ersten geglückten Start in Kittyhawk (USA).*

# Die Eroberung des Himmels auf 20 Münzen bei Shell

Für alle Autofahrer hat Shell jetzt eine großartige Münzserie über ein hochaktuelles Thema herausgebracht: die Eroberung des Himmels.

Auf 20 Münzen sind alle Höhepunkte festgehalten, die Menschen erlebten, seit sie fliegen können.

Das große Erlebnis der Brüder Wright zum Beispiel, die an einem eiskalten Dezembertag zum erstenmal ein Motorflugzeug erfolgreich starteten.

Das erste Düsenflugzeug der Welt: die deutsche Heinkel HE 178.

Oder das gigantische Unternehmen von Apollo 11,

das uns alle zu Zeugen der ersten Mondlandung gemacht hat.

Sammeln Sie diese Münzen! Denn zusammen mit einer repräsentativen Sammelkarte illustriert die komplette Münzserie ein Kapitel unvergänglicher Zeitgeschichte: die Eroberung des Himmels.

Sammelkarten gibt's in zwei verschiedenen Ausführungen. Für 1 DM die große und für 50 Pfennig die kleine. Ebenfalls an Shell Stationen.

**Sammeln Sie mit!**
**Wenn Sie 15 Liter oder mehr tanken, bekommen Sie eine Münze.**

*Die 20 historischen Höhepunkte bei der Eroberung des Himmels: Ikarus und Dädalus · Leonardo da Vinci · Joseph und Etienne Montgolfier · Wilbur und Orville Wright · Louis Bleriot · John Alcock und Arthur Whitten Brown · Charles Lindbergh · Graf Zeppelin · August Piccard und Paul Kipfer · Heinkel HE 178 · Sikorsky VS-300 · Bell XS-1 · De Havilland Comet · Sputnik 1 · Wernher von Braun · Juri Gagarin · Woskhod 2 · Gemini 8 · Apollo 8 · Apollo 11*

# 21. November 1783 – Der erste freie Flug mit Menschen

*In einem mit heißer Luft gefüllten Ballon fliegen Pilâtre de Rozier und der Marquis d'Arlandes 8 km über Paris hinweg.*

# Die Eroberung des Himmels auf 20 Münzen bei Shell

Für alle Autofahrer hat Shell jetzt eine großartige Münzserie über ein hochaktuelles Thema herausgebracht: die Eroberung des Himmels.

Auf 20 Münzen sind alle Höhepunkte festgehalten, die Menschen erlebten, seit sie fliegen können.

Das kühne Wagnis der beiden Franzosen zum Beispiel, die sich mutig von ihrem Ballon durch die Luft tragen ließen. Ständig von der Gefahr bedroht, daß Funken die Papierhülle in Brand stecken könnten.

Die riesigen Zeppeline, denen man noch heute nachsagt, daß sie die majestätischsten Flugmaschinen aller Zeiten waren.

Oder das gigantische Unternehmen von Apollo 11, das uns alle zu Zeugen der ersten Mondlandung gemacht hat.

Sammeln Sie diese Münzen! Denn zusammen mit einer repräsentativen Sammelkarte illustriert die komplette Münzserie ein Kapitel unvergänglicher Zeitgeschichte: die Eroberung des Himmels.

Sammelkarten gibt's in zwei verschiedenen Ausführungen. Für 1 DM die große und für 50 Pfennig die kleine. Ebenfalls an Shell Stationen.

### Sammeln Sie mit!
### Wenn Sie 15 Liter oder mehr tanken, bekommen Sie eine Münze.

*Die 20 historischen Höhepunkte bei der Eroberung des Himmels: Ikarus und Dädalus · Leonardo da Vinci · Joseph und Etienne Montgolfier · Wilbur und Orville Wright · Louis Blériot · John Alcock und Arthur Whitten Brown · Charles Lindbergh · Graf Zeppelin · August Piccard und Paul Kipfer · Heinkel HE 178 · Sikorsky VS-300 · Bell XS-1 · De Havilland Comet · Sputnik 1 · Wernher von Braun · Juri Gagarin · Woskhod 2 · Gemini 8 · Apollo 8 · Apollo 11*

# MAN IN SPACE™

## A Solid Bronze Collector's Edition
Commemorating U.S. Manned Space Missions

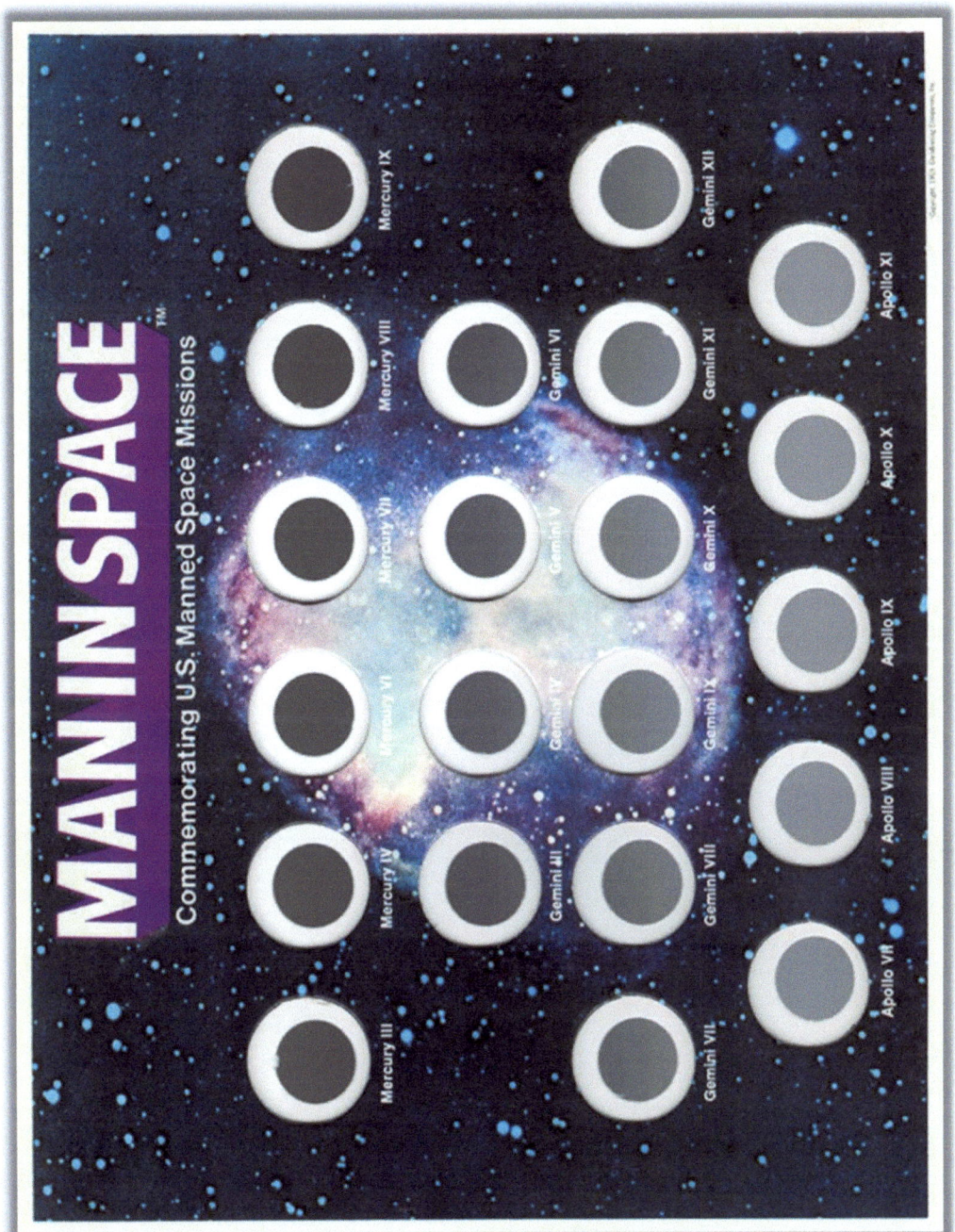

65

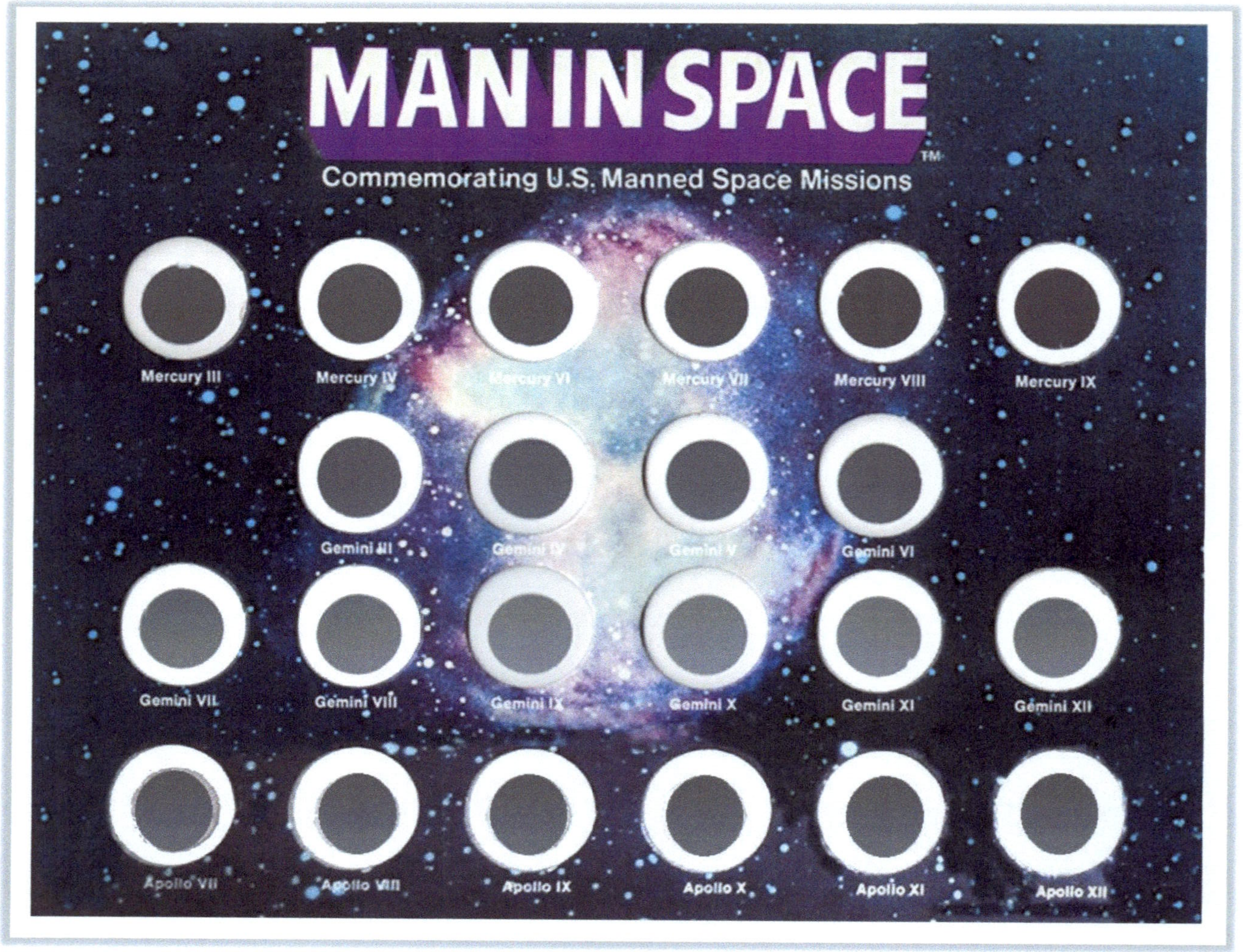

MAN IN SPACE™
Commemorating U.S. Manned Space Missions

Mercury IX
Gemini XII
Apollo XII

Mercury VIII
Gemini VI
Gemini XI
Apollo XI

Mercury VII
Gemini V
Gemini X
Apollo X

Mercury VI
Gemini IV
Gemini IX
Apollo IX

Mercury V
Gemini III
Gemini VIII
Apollo VIII

Mercury III
Gemini VII
Apollo VII

66

67

# WIN UP TO $5000 IN SHELL'S

# MAN IN SPACE

**OFFICIAL RULES: NO PURCHASE NECESSARY**

**1.** Get a packet with one free Man In Space game coin inside each time you visit any participating Shell Station.

**2.** Collect game coins to win. Each Man In Space game coin depicts one of America's manned space flights on the front. Place the game coin in the corresponding space provided on this Man In Space game card. When you collect the coins which correspond exactly to all spaces in any single prize grouping on this card, present your card and the coins to any participating Shell Dealer who will arrange for verification and awarding of your prize.

**3. INSTANT WINNERS:** The following game coins are Instant Winners when the reverse of the coin reads "INSTANT WINNER, MAN IN SPACE."
GEMINI VI . . . $500; GEMINI XI . . . $50.
MERCURY VIII . . . MAN IN SPACE BRONZE SET.
MERCURY VII . . . $5; MERCURY IV . . . $1

If you receive one of these Instant Winner coins you immediately win the prize indicated, without having to collect the other coins in the corresponding prize grouping. Your participating Shell Dealer will arrange for verification and awarding of your prize. Instant Winner coins SHOULD BE REDEEMED PROMPTLY.

**4.** Offer open to all licensed drivers,* except employees and retired employees of Shell Oil Company, its affiliated and subsidiary companies, its dealers, and their advertising agencies, judging organizations, suppliers and manufacturers of game materials and the immediate families of any of them. (Definition of immediate family: Mother, father, mother-in-law, father-in-law, husband, wife, brothers, sisters, brother-in-law, sister-in-law, children of any of them.)

**5.** All game materials are subject to verification. Game materials are void and will be rejected at the discretion of the Shell Oil Company if not bona fide and legitimately obtained, or if
*In Conn. offer open to the general public

any part is illegible, marred, defaced, forged, counterfeited, tampered with or irregular in any way, or if materials contain manufacturing or other errors. Void where prohibited by law. Applicable taxes on prizes are the sole responsibilities of the winners. All materials submitted for winner verification become the property of the Shell Oil Company. Shell reserves the right to terminate the game at any time by posting of notice at participating Shell stations or by announcement in newspaper or radio ads. Redemption of prizes ends 15 days after the promotion expiration date.

**6.** Only game coins that are marked "Man In Space" and minted for Shell are valid for this promotion.

**NOTICE:** Man In Space game coins are not money and may not be used for any monetary purpose. Attempts to so use these game coins may violate State or Federal law.

© Copyright, 1969, Glendinning Companies, Inc.

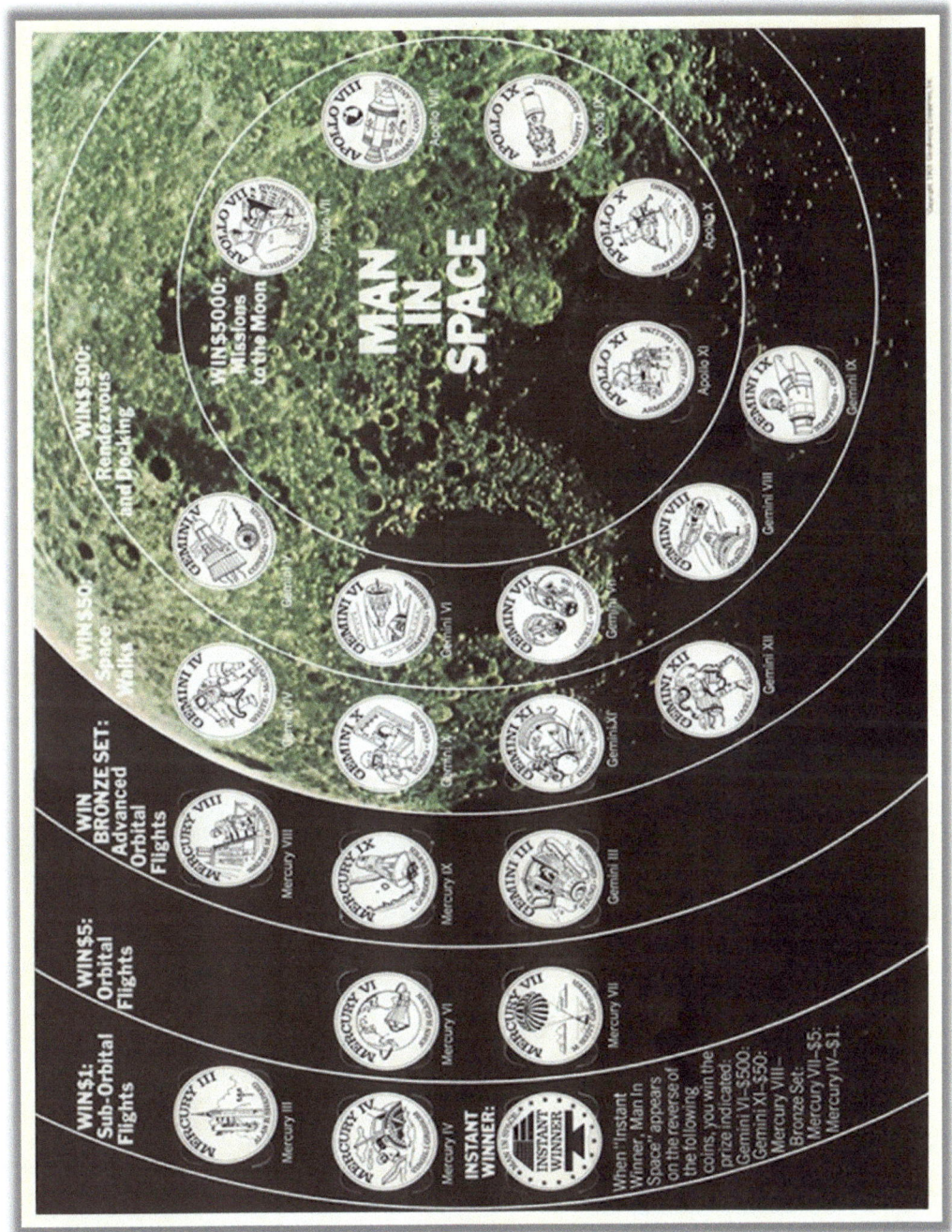

69

# MAN IN SPACE ™

## 7

## U.S. MANNED SPACE FLIGHTS

| DATE | FLIGHT | ASTRONAUTS |
|------|--------|------------|
| May 5, 1961 | Mercury III | Alan B. Shepard |
| July 21, 1961 | Mercury IV | Virgil I. Grissom |
| February 20, 1962 | Mercury VI | John H. Glenn |
| May 24, 1962 | Mercury VII | M. Scott Carpenter |
| October 3, 1962 | Mercury VIII | Walter M. Schirra |
| May 15 - 16, 1963 | Mercury IX | L. Gordon Cooper |
| March 23, 1965 | Gemini III | Grissom, Young |
| June 3 - 7, 1965 | Gemini IV | McDivitt, White |
| August 21 - 29, 1965 | Gemini V | Cooper, Conrad |
| December 4 - 18, 1965 | Gemini VII | Borman, Lovell |
| December 15 - 16, 1965 | Gemini VI | Schirra, Stafford |
| March 16 - 17, 1966 | Gemini VIII | Armstrong, Scott |
| June 3 - 6, 1966 | Gemini IX | Stafford, Cernan |
| July 18 - 21, 1966 | Gemini X | Young, Collins |
| September 12 - 15, 1966 | Gemini XI | Conrad, Gordon |
| November 11 - 15, 1966 | Gemini XII | Lovell, Aldrin |
| October 11 - 22, 1968 | Apollo VII | Schirra, Eisele, Cunningham |
| December 21 - 27, 1968 | Apollo VIII | Borman, Lovell, Anders |
| March 3 - 13, 1969 | Apollo IX | McDivitt, Schweickart, Scott |
| May 18 - 26, 1969 | Apollo X | Stafford, Young, Cernan |
| July 16 - 26, 1969 | Apollo XI | Aldrin, Armstrong, Collins |

# MERCURY III

*Die Mission Mercury-Redstone 3 (MR-3) am 5. Mai 1961 gilt nach Juri Gagarins Flug (12. April 1961) als der zweite bemannte Flug in der Geschichte der Raumfahrt. Alan B. Shepard war damit der erste US-Amerikaner außerhalb der Erdatmosphäre. Das Mercury-Raumschiff Freedom 7 vollzog allerdings nur einen ballistischen Flug. Ein Erreichen des Erdorbits war mit der Redstone-Rakete nicht möglich.*

*15 Minuten vor dem geplanten Startzeitpunkt wurde der Countdown unterbrochen. Es waren viele Wolken am Himmel über Cape Canaveral aufgezogen, sodass eine fotografische Überwachung des Flugs nicht mehr möglich war. Nach 52 Minuten klarte der Himmel auf und der Countdown konnte fortgesetzt werden.*

*Nach dem Start verlief nach Alan Shepards Aussage der Flug sehr ruhig. Nach 45 Sekunden setzten Vibrationen ein, diese waren bedingt durch das Erreichen der Schallgeschwindigkeit (Mach 1) und das damit verbundene Durchbrechen der Schallmauer. Der Flug stabilisierte sich wieder nach 88 Sekunden. Die Redstone-Rakete wurde nach knapp zweieinhalb Minuten vom Raumschiff getrennt.*

Nach 15 Minuten und 22 Sekunden Gesamtflugdauer wasserte Freedom 7 im Atlantik. Helikopter holten Shepard und die Freedom 7 nach elf Minuten an Bord des Flugzeugträgers USS Lake Champlain. Dort wurde er sofort medizinisch untersucht. Shepard befand sich in ausgezeichneter Kondition und empfand den Flug als körperlich problemlos.

US-Präsident John F. Kennedy, der den Flug wie viele andere US-Amerikaner im Fernsehen verfolgt hatte, rief Shepard noch an Bord an und beglückwünschte ihn zu seinem großen Erfolg.

Alan Shepard nahm später auch am Apollo-Programm teil und landete als Missionskommandant mit Apollo 14 auf dem Mond.

# MERCURY IV

*Die Mercury-Redstone 4 (MR-4) Mission am 21. Juli 1961 war der zweite US-amerikanische Weltraumflug im Rahmen des Mercury-Programms. Das Erreichen der Erdumlaufbahn war allerdings noch nicht geplant, vielmehr wurde ein suborbitaler Flug durchgeführt. Die Landekapsel versank nach der Wasserung, und der Astronaut Virgil Grissom konnte sich nur schwimmend retten.*

*Der Start war zuerst für den 18. Juli vorgesehen, wurde aber wegen schlechten Wetters auf den 19. Juli verlegt. Zehn Minuten vor dem Ende des Countdowns wurde aber auch dieser Start abgesagt und um zwei Tage verschoben.*

*Schließlich hob die Redstone-Rakete mit Liberty Bell 7 an der Spitze am 21. Juli ab. Nach zwei Minuten und 22 Sekunden schaltete das Triebwerk ab, und das Raumschiff löste sich von der Redstone-Rakete. Die Geschwindigkeit betrug zu diesem Zeitpunkt 2 km/s. Für etwa fünf Minuten befand sich Grissom in der Schwerelosigkeit.*

*Der Wiedereintritt in die Erdatmosphäre erfolgte mit über 11g. Nach einem ballistischen Flug und Erreichen der Gipfelhöhe von 190 km, zündete das erste Mal ein Astronaut die Bremsraketen des Raumschiffs von Hand.*

## MERCURY VI

*Mercury-Atlas 6 (MA-6) war ein bemannter Weltraumflug im Rahmen des US-amerikanischen Mercury-Programms. Der Pilot John Glenn war der erste US-amerikanische Astronaut in der Erdumlaufbahn.*

*Mercury-Atlas 6 war der erste bemannte Flug mit der Atlas-Rakete. Die vorherigen bemannten Flüge Mercury-Redstone 3 und Mercury-Redstone 4 waren suborbitale Flüge mit der Redstone-Rakete gewesen.*

*Mit diesem vollwertigen bemannten Raumflug hatten die USA zur Sowjetunion aufgeschlossen, die jedoch nach Anzahl und Dauer der Raumflüge führte.*

*Glenn wurde als Held gefeiert. Mit diesem Flug waren die Ziele des Mercury-Programms erfüllt, weitere Starts der Mercury-Raumschiffe mit Atlas-Raketen sollten jedoch bald folgen, für Mercury-Atlas 7 war bereits Deke Slayton als Pilot angekündigt worden.*

# MERCURY VII

*Prinzipiell war für Mercury-Atlas 7 der gleiche Flugverlauf wie für Mercury-Atlas 6 vorgesehen: drei Erdumkreisungen mit Wasserung in der Karibik, jedoch sollten mehr Experimente durchgeführt werden.*

*Mercury-Atlas 7 wurde am 24. Mai 1962 um 7:45 Uhr Ortszeit gestartet und erreichte fünf Minuten später die Erdumlaufbahn. Carpenter führte während seiner drei Erdumkreisungen mehrere Experimente durch. Unter anderem sollte er Leuchtraketen beobachten, die in Australien abgefeuert wurden, was jedoch aufgrund der Bewölkung nicht möglich war.*

*Bei der NASA war man mit der Rakete und dem Raumschiff vollauf zufrieden. Auch der zweite Mercury-Flug mit drei Orbits verlief erfolgreich, so dass nun daran gedacht werden konnte, die Flugdauer zu verlängern. Nach wie vor hielt die Sowjetunion den Rekord mit 17 Erdumkreisungen, eine Leistung, an die sich die USA noch nicht heranwagen konnten.*

# MERCURY VIII

*Am 27. Juni 1962, etwa einen Monat nach dem Flug von Mercury-Atlas 7, gab die NASA bekannt, dass Walter Schirra den nächsten Mercury-Flug durchführen würde. Mit sechs Erdumkreisungen sollte die Flugdauer gegenüber Mercury-Atlas 6 und Mercury-Atlas 7 verdoppelt werden. Als Ersatzpilot wurde Gordon Cooper eingeteilt.*

*Die Atlas-Rakete mit Sigma 7 an der Spitze startete am 3. Oktober 1962. Einige Sekunden nach dem Abheben drehte sich die Rakete unerwarteterweise um die Längsachse und führte damit beinahe zum Abbruch des Starts, doch die Lage stabilisierte sich wieder.*

*Sigma 7 erreichte nach fünf Minuten eine Umlaufbahn mit einem Apogäum von 283 km, höher als die bisherigen Mercury-Flüge. Nur der erste Raumflug überhaupt, Wostok 1 hatte eine größere Höhe erreicht. Mit 7850 m/s stellte Sigma 7 außerdem einen neuen Geschwindigkeitsrekord auf.*

*Schirra führte mehrere Steuerungsmanöver mit Sigma 7 durch, sowohl auf der Tag- als auch auf der Nachtseite der Erde.*

Einen großen Teil des Fluges wurde das Raumschiff jedoch vom Autopiloten in der richtigen Lage gehalten oder trieb steuerlos, um Treibstoff zu sparen.

Während dieses Fluges fand auch die erste Fernsehübertragung live aus dem All statt, die allerdings nur wenige Minuten dauerte. Die Fernsehsignale wurden dabei vom TV-Satelliten Telstar 1 übertragen.

Die Wasserung erfolgte mit einer wesentlich höheren Präzision als in den vorangegangenen Mercury-Flügen. Sigma 7 landete nur 9000 Meter vom Bergungsschiff, dem Flugzeugträger USS Kearsarge entfernt. Es war das erste Mal, dass eine bemannte Landekapsel im Pazifik niederging.

# MERCURY IX

*Die Mission Mercury-Atlas 9 (MA-9) war der letzte bemannte Weltraumflug im Rahmen des US-amerikanischen Mercury-Programms. Dieser Flug sollte mit vorgesehenen 18 Erdumkreisungen wesentlich länger als die bisherigen dauern, so dass einige Systeme des Mercury-Raumschiffs umgerüstet werden mussten. Vier Mercury-Raumschiffe mit den Seriennummern 12, 15, 17 und 20 wurden dafür vorgesehen.*

*Mercury-Atlas 9 mit dem Raumschiff Faith 7 an der Spitze hob am 15. Mai 1963 ab und erreichte kurz darauf eine elliptische Umlaufbahn von 163 km Perigäum und 265 km Apogäum. Während des Fluges führte Cooper elf wissenschaftliche Experimente durch. Unter anderem setzte er eine Weltraumboje von 15 cm Durchmesser aus, um mit Hilfe ihres Blinklichtes die Sichtbarkeit von anderen Flugkörpern zu untersuchen. Es war das erste Mal, dass von einem Raumschiff ein weiterer Satellit ausgesetzt wurde.*

*MA-9 war der letzte Flug im Rahmen des Mercury-Programms und bildete einen glanzvollen Schlusspunkt. Die ursprünglich gesetzten Ziele waren erreicht und übertroffen worden.*

# GEMINI III

*Gemini 3 (GT-3) war der erste bemannte Flug eines US-amerikanischen Zwei-Mann-Raumschiffs im Rahmen des Gemini-Programms.*

*Der Start von Gemini 3 erfolgte am Vormittag des 23. März 1965. Neben den technischen Tests sollten während des Fluges drei wissenschaftliche Experimente durchgeführt werden, die allerdings nur teilweise gelangen.*

*In der Erdumlaufbahn wurden mehrere Kurskorrekturen vorgenommen, um die Funktion der Steuerungsdüsen zu überprüfen. Dabei wurde die zunächst elliptische Umlaufbahn zirkularisiert und die Bahnebene gewechselt. Bei der letzten Zündung dieser Düsen wurde Gemini 3 in eine relativ tiefe Umlaufbahn gebracht, die zu einem Wiedereintritt in die Erdatmosphäre führen sollte, selbst wenn die Bremsraketen versagen sollten.*

*Nach drei Erdumkreisungen wurden die Bremsraketen gezündet. Die Wasserung an Fallschirmen erfolgte in zwei Phasen, bei der die Landekapsel zuerst mit der Nase nach oben, dann mit der Nase schräg nach unten an den Fallschirmen hing. Beim Übergang von der einen Lage zur anderen wurden die beiden Astronauten gegen die Fenster geworfen. Youngs Helm wurde zerkratzt, Grissoms Visier brach sogar.*

## GEMINI IV

*Im Gegensatz zum relativ kurzen Flug von Gemini 3 sollte Gemini 4 mehrere Tage
dauern. Im Verlauf des Fluges sollte zum ersten Mal ein US-amerikanischer Astronaut
das Raumschiff verlassen. Dazu war ein neuer Raumanzug notwendig. Als
Entwicklungsgrundlage wurde ein Aufenthalt von 30 Minuten im Weltall
angenommen.*

*Der Start erfolgte am 3. Juni 1965 und wurde erstmals im Fernsehen per Satellit nach
Europa übertragen.*

*Diese Mission zeigte, dass das Gemini-Raumschiff auch für längere Flüge geeignet war.
Mit einer Flugdauer von vier Tagen und zwei Stunden war man zwar noch hinter den
vier Tagen und 23 Stunden zurück, die Waleri Bykowski zwei Jahre zuvor in Wostok
5 vorgelegt hatte, aber längere Flugdauern waren prinzipiell möglich und sollten schon
mit Gemini 5 bewiesen werden.*

# GEMINI V

*Der Flug von Gemini 5 war auf acht Tage ausgelegt, doppelt so lang wie der vorgehende Flug von Gemini 4. Das Ziel von Gemini 5 war, die Zuverlässigkeit aller Systeme bei solch einer Dauer zu demonstrieren, und den Einfluss der Schwerelosigkeit auf die Astronauten zu untersuchen.*

*Erstmals sollte die Energieversorgung nicht nur durch Batterien, sondern auch durch Brennstoffzellen erfolgen, außerdem war geplant, Rendezvous-Manöver mit einem Zielsatelliten durchzuführen, den Gemini 5 selbst aussetzen sollte.*

*Gemini 5 startete am 21. August 1965. Schon nach zwei Stunden setzten Cooper und Conrad den Zielsatelliten aus, doch kurz danach gab es einen Druckabfall in den Brennstoffzellen, was die Astronauten zum Abschalten einiger Systeme zwang und das Rendezvous-Manöver unmöglich machte.*

*Mit acht Tagen stellte die Besatzung einen neuen Langzeitrekord im Weltall auf.*

## GEMINI VI und GEMINI VII

*Gleich nach dem erfolgreichen Start von Gemini 7 am 4. Dezember begannen die Vorbereitungen für den Start von Gemini 6A. Die Aufbauarbeiten und Tests verliefen so reibungslos, dass der ursprünglich für den 13. Dezember vorgesehene Start auf   den 12. Dezember vorverlegt wurde.*

*Der dritte Startversuch am 15. Dezember erfolgte dann ohne Probleme. In der vierten Umkreisung traf Gemini 6A auf Gemini 7, das schon elf Tage im Orbit war. Schirra und Stafford näherten sich Gemini 7 bis auf 40 Meter, als die beiden Raumschiffe relativ zueinander stillstanden.*

*Gemini 6A und Gemini 7 zeigten eindrucksvoll, wie genau sich die Gemini-Raumschiffe steuern ließen.*

# GEMINI VIII

*Gemini 8 (GT-8) war ein bemannter Weltraumflug im Rahmen des US-amerikanischen Gemini-Programms.*

*Das Missionsprofil von Gemini 8 sah eine Kopplung an einen Agena-Zielsatelliten vor.*

*Am 16. März wurde der Zielsatellit mit einer Atlas-Agena-Rakete erfolgreich gestartet. Eine Erdumkreisung (ca. 100 Minuten) später folgte Gemini 8 mit den Astronauten Armstrong und Scott. Die Astronauten konnten die Agena aus 330 km Distanz per Radar und aus 140 km Distanz visuell orten, nachdem sie zunächst ihr Apogäum, dann ihr Perigäum und zuletzt ihre Bahnebene an die Umlaufbahn der Agena angepasst hatten. Nach etwa sechs Stunden Flug hatte das Raumschiff den Satelliten eingeholt, kurz darauf und nach einer Inspektion dockte Gemini 8 an. Dies war die erste Kopplung zweier Raumfahrzeuge in der Erdumlaufbahn.*

*Da es über dem Atlantischen Ozean bereits Nacht war, ging die Landekapsel im Pazifik nieder. Dieser Raumflug hatte nur knapp elf Stunden gedauert.*

## GEMINI 9

8

*Gemini 9 (GT-9, auch Gemini 9A) war ein bemannter Weltraumflug im Rahmen des US-amerikanischen Gemini-Programms.*

*Zum ersten Mal im US-amerikanischen Raumfahrtprogramm musste die Ersatzmannschaft ein Raumschiff übernehmen. Die Flugvorbereitungen wurden dadurch nicht verzögert. Somit wurde Stafford der erste Astronaut, der zu einem zweiten Gemini-Einsatz kam.*

*Neue Ersatzmannschaft wurde die bisherige Ersatzmannschaft von Gemini 10: Jim Lovell, der gerade den Rekordflug von Gemini 7 hinter sich gebracht hatte, und Edwin Aldrin.*

*Diese beiden übernahmen zusammen mit Neil Armstrong und Richard Gordon die Rolle der Verbindungssprecher (Capcom). Neil Armstrong war zuvor Kommandant von Gemini 8, Gordon war für Gemini 11 vorgesehen.*

*Für Gemini 9 war, wie zuvor für Gemini 8, geplant, dass das Raumschiff an eine zuvor gestartete Agena-Stufe ankoppeln sollte. Ebenso war ein Weltraumausstieg von Cernan geplant.*

Nachdem im März der Flug von Gemini 8 wegen einer verklemmten Steuerdüse abgebrochen werden musste, wurde das Raumschiff Gemini 9 genau untersucht. Dabei wurden einige Probleme behoben und neue Sicherheitsmaßnahmen eingeführt.

Am 17. Mai 1966 wurde der Agena-Zielsatellit gestartet, doch schon nach wenigen Minuten verlor die Flugleitung die Kontrolle, der Flugkörper stürzte ins Meer. Offenbar hatte die Atlas-Rakete nicht richtig funktioniert, wie schon bei Gemini 6.

Die Mission wurde in Gemini-9A umbenannt und ein neuer Start eines vereinfachten Zielsatelliten ATDA (Augmented Target Docking Adapter) auf den 1. Juni ohne eigene Agena-Stufe angesetzt. Zwar konnte dieser Satellit in die Erdumlaufbahn gebracht werden, aber Telemetriedaten zeigten Probleme mit der Verkleidung des Dockingadapters an.

Stafford und Cernan waren startbereit in ihrem Raumschiff, aber kurz vor der Zündung musste der Start abgebrochen werden, weil benötigte Daten von der Bodenstation nicht zum Raumschiff gesendet werden konnten. Für Stafford war dies der vierte abgebrochene Start.

Am dritten Tag verließ Cernan als dritter Mensch das Raumschiff und bewegte sich frei im Weltall. Sich in der Schwerelosigkeit zu bewegen stellte sich als äußerst schwierig heraus.

Gemini 9 hatte zwar mehrere erfolgreiche Rendezvous und viele wissenschaftliche Experimente durchgeführt, letztendlich blieben aber vor allem die Fehlschläge in Erinnerung: das misslungene Docking und der abgebrochene Außenbordeinsatz. Beide Aufgaben sollten nur sechs Wochen später von Gemini 10 erneut angegangen werden.

# GEMINI X

*Die Mission Gemini 10 begann am 18. Juli 1966 um 20:39 UTC mit dem Start des Agena-Satelliten GATV-10 (Gemini Agena Target Vehicle) durch eine Atlas-Agena-Rakete.*

*Um 22:20 UTC folgte das Gemini-Raumschiff mit einer Titan-Rakete. Bei Erreichen der Erdumlaufbahn war Gemini 10 noch 1.600 km von GATV-10 entfernt.*

*Gemini 10 näherte sich dem Zielsatelliten und koppelte am 19. Juli um 04:13 UTC problemlos an. Das Triebwerk von GATV-10 wurde gezündet und brachte Gemini 10 auf eine höhere Umlaufbahn. Es war das erste Mal in der Geschichte der bemannten Raumfahrt, dass ein Raumschiff nicht nur an einen anderen Flugkörper ankoppelte, sondern auch noch dessen Antrieb nutzte. Bei dieser Bahnänderung flogen die Astronauten mit dem Rücken zur Flugrichtung und wurden durch die Beschleunigung nach vorne in die Gurte gedrückt.*

*Mit 763 km wurde der Höhenrekord, der bis dahin von der Besatzung von Woschod 2 mit 475 km gehalten wurde, bei weitem überboten. Mike Collins führte am 19. Juli um 21:44 UTC die erste Außenbordaktivität der Mission durch indem er, in der offenen Luke stehend, für 49 Minuten Sterne und die Erde fotografierte.*

## GEMINI XI

*Wie Gemini 10 sollte auch dieses Raumschiff an einen Agena-Zielsatelliten koppeln und sich mit dessen Triebwerk in eine höhere Umlaufbahn befördern lassen. Pete Conrad war ein starker Befürworter dieses Plans, obwohl es auch Gegenstimmen gab, die Gefahren durch die Strahlung des Van-Allen-Gürtels befürchteten. Ebenso wurde wieder Wert auf einen Außenbordeinsatz (EVA) gelegt. Aus den Erfahrungen von Eugene Cernan und Mike Collins mit Gemini 9 und Gemini 10 wurden Verbesserungen für Gemini 11 entwickelt. Einerseits wurde die Sicherheitsleine von 15 Metern auf 9 Meter verkürzt, andererseits wurden mehr Handgriffe und Fußstützen am Gemini-Raumschiff und an der Agena angebracht, damit Richard Gordon beim Arbeiten besseren Halt haben sollte.*

*Am 12. September 1966 startete eine Atlas-Agena-Rakete und brachte den Zielsatelliten GATV-11 (Gemini Agena Target Vehicle) in eine Erdumlaufbahn.*

*Astronaut Richard Gordon befestigt ein Halteseil von Gemini 11 zum Agena-Zielsatelliten*

*Gemini 11 sollte exakt eine Umkreisung später starten. Das Startfenster betrug nur zwei Sekunden. Planmäßig hob die Titan-Rakete um 9:42 Uhr Ortszeit ab.*

85 Minuten später, wesentlich früher als bei bisherigen Gemini-Flügen, koppelte Conrad an die Agena.

Die Zündung der Bremsraketen und der Wiedereintritt in die Erdatmosphäre erfolgte bei diesem Flug erstmals vollautomatisch. Gemini 11 landete 4,6 Kilometer entfernt vom berechneten Zielpunkt. Conrad und Gordon wurden mit einem Hubschrauber an Bord der USS Guam gebracht.

Die Mission war ein voller Erfolg. Das Rendezvous und die Kopplung erfolgten in Rekordzeit. Es konnten wertvolle Erfahrungen mit Rendezvous- und Kopplungsmanövern gewonnen werden. Die Bahnänderungen mit Hilfe der Agena verliefen ohne Probleme, und die höhere Umlaufbahn brachte nicht nur einen neuen Rekord, sondern auch neue wissenschaftliche Daten. Das größte Problem war nach wie vor die Aktivität außerhalb des Raumschiffs. Gordons Probleme bestätigten nur die Erfahrungen, die Cernan und Collins bereits gemacht haben: selbst einfache Handgriffe können in der Schwerelosigkeit zum Problem werden. Der Raumanzug und sein Lebenserhaltungssystem schienen noch nicht ausgereift und mondtauglich zu sein.

## GEMINI XII

Gemini 12 (GT-12) war der letzte Weltraumflug im Rahmen des US-amerikanischen Gemini-Programms.

Wie bei den vorherigen Geminiflügen sollte auch bei Gemini 12 das Ankoppeln an einen Zielsatelliten und das Aussteigen aus dem Raumschiff durchgeführt werden. Im All sollten dann einfache Arbeiten durchgeführt werden. Im Gegensatz zu früheren Gemini-Missionen trainierte Aldrin für seine EVA unter Wasser. Wie sich später zeigen sollte, war diese Art des Trainings die entscheidende Verbesserung für die EVAs.

Der Zielsatellit GATV-12 (Gemini Agena Target Vehicle) war eineinhalb Stunden vor Gemini 12 mit einer Atlas-Agena-Rakete gestartet worden. Lovell und Aldrin koppelten die beiden Raumfahrzeuge während der dritten Erdumkreisung, wobei sie mit dem Sextanten navigierten und auf Sicht flogen, weil das Bordradar nicht korrekt funktionierte.

Trotz kleinerer Pannen war Gemini 12 ein erfolgreicher Abschluss des Gemini-Programms.

Wieder war es gelungen, zwei Raumfahrzeuge im Orbit mehrfach zu koppeln. Die drei EVAs von Aldrin brachten wertvolle Erkenntnisse für Arbeiten im Weltraum.

Nachdem dieser letzte Geminiflug abgeschlossen war, konnte die NASA alle Kräfte der bemannten Raumfahrt auf das Apollo-Programm bündeln, dessen Ziel die Mondlandung war. Schon seit mehreren Monaten bereiteten sich Gus Grissom, Edward White und Roger Chaffee darauf vor, das erste bemannte Apollo-Raumschiff in den Weltraum zu fliegen. Drei unbemannte Starts waren bereits erfolgt, die bemannte Premiere sollte im Frühling 1967 erfolgen, doch die Apollo-1-Katastrophe am 27. Januar 1967 verhinderte dies.

## APOLLO VII

*Apollo 7 war der erste bemannte Raumflug im Rahmen des Apollo-Programms nach der Brandkatastrophe der Apollo 1.*

*Als im Jahre 1966 das Apollo-Programm der NASA konkret wurde, ging man noch davon aus, dass der erste bemannte Start des dreisitzigen Apollo-Raumschiffs Ende 1966 oder Anfang 1967 unter der Projekt-Bezeichnung AS-204 stattfinden würde. Am 21. März 1966 wurde der Öffentlichkeit mitgeteilt, dass Virgil Grissom, Edward White und Roger Chaffee als Besatzung ausgewählt worden waren. Zu diesem Zeitpunkt standen noch vier Flüge des Gemini-Programms aus.*

*Ein zweiter bemannter Flug sollte mit den Astronauten Walter Schirra, Donn Eisele und Walter Cunningham stattfinden. Dieser Plan wurde allerdings schon im Dezember wieder gestrichen, weil er nur wenig neue Erkenntnisse gebracht hätte. Deshalb wurde die Schirra-Mannschaft als Ersatzmannschaft der Grissom-Crew eingeteilt.*

*Grissom, White und Chaffee kamen bei der Apollo-1-Katastrophe ums Leben, sodass Schirra, Eisele und Cunningham nun als erste Astronauten das neue Apollo-Raumschiff fliegen sollten. Schirra war einer der ersten Astronauten der NASA und* hatte mit Mercury-Atlas 8 und Gemini 6 zwei äußerst erfolgreiche Flüge absolviert. Schon vor dem Flug kündigte er an, dass er nach dieser Mission aus der NASA ausscheiden würde. Eisele und Cunningham waren beide aus der dritten Astronautengruppe und hatten noch keine Weltraumerfahrung.

Die ursprünglich vorgesehenen Tests hätten innerhalb dreier Tage durchgeführt werden können, jedoch plante die NASA einen längeren Flug von bis zu elf Tagen Dauer – länger als ein Flug zum Mond und zurück benötigen würde.

Drei Ziele wurden für diesen Flug formuliert:

1. Beweis der Leistungsfähigkeit von Raumschiff und Besatzung
2. Beweis der Leistungsfähigkeit von Besatzung, Raumschiff und Betriebsanlagen während eines bemannten Raumfluges
3. Beweis der Rendezvous-Fähigkeit des Raumschiffs.

Apollo 7 startete am 11. Oktober 1968 um 15:02 Uhr UTC vom LC-34 auf Cape Canaveral und ist die einzige jemals von diesem Startplatz gestartete bemannte Mission.

Der Flug von Apollo 7 stellte nicht nur die Flugtauglichkeit des Raumschiffs unter Beweis, sondern auch die Tauglichkeit aller anderen Einrichtungen wie Raketenmontage, Startvorbereitung und Flugleitung. Dies war ein wichtiger Schritt auf dem Weg zur Mondlandung. Bis zum Ende des Jahrzehnts blieben jetzt nur noch ein wenig mehr als zwei Jahre, um Kennedys Versprechen einzulösen.

Als nächster Schritt war geplant, die Mannschaft von James McDivitt mit Apollo 8 die Mondlandefähre in der Erdumlaufbahn testen zu lassen. Es hatte sich jedoch bereits Monate vorher abgezeichnet, dass die Fähre nicht so schnell bereit sein würde. Intern hatte die NASA allerdings schon einen Alternativplan entwickelt: Die Mannschaft von Frank Borman, die im nächsten Jahr mit Apollo 9 fliegen sollte, stand bereit. Man könnte diesen Flug vorziehen und noch im laufenden Jahr den ersten bemannten Flug der Saturn V durchführen. Auch ohne Landefähre könnte man sich auf den Weg zum Mond machen und wertvolle Erfahrungen gewinnen.Drei Wochen nach der Landung von Apollo 7 entschied die NASA endgültig, den ursprünglichen Plan zu ändern und Apollo 8 zum Mond zu schicken.

## APOLLO VIII

*Apollo 8 war der zweite bemannte Raumflug des US-amerikanischen Apollo-Programms und der erste bemannte Flug zum Mond und damit zu einem anderen Himmelskörper. Die drei Astronauten Frank Borman, William Anders und James "Jim" Lovell waren die ersten Menschen, die mit eigenen Augen die Rückseite des Mondes sahen.*

*Apollo 8 startete am Morgen des 21. Dezember 1968 um 7:51:00 Ortszeit (EST), (12:51 UTC) vom Kennedy Space Center in Florida und erreichte drei Tage später, am Heiligabend 1968, die Mondumlaufbahn. Große Bekanntheit erlangte die Fernsehübertragung aus dem Mondorbit, während der die drei Astronauten die ersten Zeilen der biblischen Schöpfungsgeschichte als Weihnachtsbotschaft verlasen[1] und das auf dieser Mission entstandene Earthrise-Foto.*

*Nach zehn Umkreisungen des Mondes leiteten die Astronauten am 25. Dezember (06:10 UTC) die Rückkehr zur Erde ein, wo Apollo 8 am 27. Dezember (15:51 UTC) im Pazifischen Ozean wasserte. Das Kommandomodul (auch als Apollo-Kapsel oder in Englisch „Command Module" bezeichnet) wurde von der USS Yorktown (CV-10) geborgen.*

# APOLLO IX

## 9

*Apollo 9 war eine bemannte Raumfahrtmission im Rahmen des Apollo-Programms. Ihr Ziel war ein Testflug der Mondlandefähre unter realen Bedingungen in der Erdumlaufbahn, in der das Rendezvous- und Andockmanöver geprobt wurde.*

*Die Saturn V startete am 3. März 1969 um 16:00 UTC vom Kennedy Space Center, Florida. Um die Kommunikation zu vereinfachen, erhielten Kommandokapsel und Fähre erstmals eigene Rufnamen: Gumdrop für das Kommandomodul und Spider für die Mondlandefähre. Somit wurde die seit Gemini 3 unterbrochene Tradition fortgesetzt, dass die Astronauten ihren Raumschiffen eigene Namen geben durften.*

*Verbindungssprecher (CapCom) während des Fluges waren die Ersatzmannschaft Conrad, Gordon und Bean, sowie Stuart Roosa und Alfred Worden von der Support-Crew und Ronald Evans.*

*Nach dem Erreichen der Erdumlaufbahn wurden alle Manöver durchgeführt, wie sie für die reale Mondlandung von Apollo 11 geplant waren. Apollo 9 war ein voller Erfolg. Mit der Mondfähre und dem Apollo-Raumanzug waren nun auch die letzten Ausrüstungsgegenstände im All getestet, die für eine Mondlandung notwendig waren.*

## APOLLO X

*Apollo 10 war die vierte bemannte Raumfahrtmission im Rahmen des Apollo-Programms. Dabei wurde, wie geplant, die Mondlandefähre unter realen Bedingungen erstmals in der Mondumlaufbahn getestet, indem Abstiegs-, Aufstiegs-, Rendezvous- und Andockmanöver geprobt wurden.*

*Die Saturn V startete am 18. Mai 1969 um 16:49 UTC vom Kennedy Space Center, Florida. Apollo 10 war die einzige Mission, in der eine Saturn V vom Launch Complex 39B abhob, da der ansonsten genutzte Launch Complex 39A zu diesem Zeitpunkt bereits mit Vorbereitungen für Apollo 11 besetzt war. Wie schon bei Apollo 8 wurde zuerst eine Erdumlaufbahn angesteuert. Nach zwei Erdumkreisungen wurde die dritte Stufe (S-IVB) der Saturn-Rakete ein zweites Mal gezündet, um das Apollo-Raumschiff auf den Weg zum Mond zu bringen.*

*Kurz nach der zweiten Zündung, die das Raumschiff auf die Flugbahn zum Mond gebracht hatte, koppelte Young das Raumschiff (CSM für Command/Service Module) von der S-IVB-Stufe der Trägerrakete ab, drehte es um 180° und dockte es an der Dockingvorrichtung der Mondlandefähre an. Diese Manöver sowie das anschließende Herausziehen der Mondlandefähre aus der S-IVB-Stufe gelangen problemlos, während dank der ersten farbigen TV-Live-Übertragung aus dem Weltall*

Fernsehzuschauer in aller Welt die Astronauten dabei beobachteten. Apollo 10 befand sich damit auf dem Weg zum Mond.

Aufstiegsstufe der Landefähre Snoopy über dem Mond, aufgenommen aus dem Kommandomodul Charlie Brown

Nach Erreichen der Mondumlaufbahn wurden alle Manöver durchgeführt, wie sie für die reale Landung von Apollo 11 geplant waren.

Beim Wiedereintritt am 26. Mai erreichte die Landekapsel eine Geschwindigkeit von 39.897 km/h. Dies ist nach wie vor die höchste (Relativ-)Geschwindigkeit, die von Menschen je erreicht wurde. Um 16:52 UT wasserte Apollo 10 sicher im Pazifik und wurde durch den Helicopter 66 des Flugzeugträgers USS Princeton geborgen. 19 Fernsehsendungen, erstmals in Farbe, wurden während der Mission zur Erde übertragen.

Die Apollo-Landekapsel ist nun im Science Museum in London ausgestellt. Es handelt sich, abgesehen von kleineren Ausrüstungsgegenständen, um die einzige Apollo-Flughardware außerhalb der USA.

Bedeutung für das Apollo-Programm:

Der erfolgreiche Flug von Apollo 10 zeigte, dass die NASA Apollo-Flüge in kurzer Folge absolvieren konnte. Seit Apollo 7 waren erst sieben Monate vergangen. Apollo 10 war bereits der vierte Flug und zwei weitere waren für die nächsten Monate in Vorbereitung.

Außerdem hatte Apollo 10 alle notwendigen Manöver für eine Mondlandung, bis auf die Landung selbst, durchgeführt. Die aufgetretenen Probleme erwiesen sich als lösbar, so dass die erste bemannte Mondlandung für Apollo 11 geplant werden konnte.

# APOLLO XI

*Apollo 11 war die erste bemannte Raumfahrtmission mit einer Mondlandung. Sie war der fünfte bemannte Flug des Apollo-Programms der US-amerikanischen Raumfahrtbehörde NASA. Die Mission verlief erfolgreich und erreichte das 1961 von US-Präsident John F. Kennedy vorgegebene nationale Ziel, noch vor Ende des Jahrzehnts einen Menschen zum Mond und wieder sicher zurück zur Erde zu bringen. Die drei Astronauten Neil Armstrong, Edwin „Buzz" Aldrin und Michael Collins starteten am 16. Juli 1969 mit einer Saturn-V-Rakete von Launch Complex 39A des Kennedy Space Center in Florida und erreichten am 19. Juli eine Mondumlaufbahn. Während Collins im Kommandomodul des Raumschiffs Columbia zurückblieb, setzten Armstrong und Aldrin am nächsten Tag mit der Mondlandefähre Eagle auf dem Erdtrabanten auf. Wenige Stunden später betrat Armstrong als erster Mensch den Mond, kurz danach auch Aldrin. Nach einem knapp 22-stündigen Aufenthalt startete die Landefähre wieder von der Mondoberfläche und kehrte zum Mutterschiff zurück. Nach Rückkehr zur Erde wasserte die Columbia am 24. Juli rund 25 Kilometer vom Bergungsschiff USS Hornet entfernt im Pazifik. Mit Apollo 11 wurden auch das erste Mal Gesteinsproben von einem anderen Himmelskörper zur Erde geholt. Weltweit verfolgten rund 600 Millionen Menschen die Fernsehübertragung der Mondlandung 1969.*

## APOLLO XII

*Apollo 12 war die zweite bemannte Mondlandung und die sechste bemannte Mission im Apollo-Programm.*

*Apollo 12 startete am 14. November 1969 um 16:22 UT, während eines Gewitters. Das Raumfahrzeug wurde während des Starts zweimal von Blitzschlägen getroffen. Die Einschläge 36,5 und 52 Sekunden nach dem Start wurden vermutlich vom Abgasstrahl der Rakete hervorgerufen, ein elektrisch leitfähiger Kanal aus ionisiertem Gas. Resultat war der zeitweise Ausfall der meisten elektrischen Systeme im Apollo-Raumschiff, die sich jedoch im Orbit problemlos reaktivieren ließen. Bis auf den Verlust von neun unwesentlichen Telemetriesensoren verlief der Start dennoch plangemäß. Nach einem Check-out konnte die S-IVB-Stufe für den dreieinhalbtägigen Flug zum Mond erfolgreich gezündet werden.*

*Nach Abtrennung des Apollo-Raumschiffs und der Mondfähre sollte die S-IVB-Stufe wie zuvor bei Apollo 8, 10 und 11 in eine Sonnenumlaufbahn gebracht werden. Das erforderliche Antriebsmanöver verlief jedoch zu ungenau, so dass die Stufe nach Passieren des Mondes zu langsam war, um sich dauerhaft aus dem Gravitationsfeld des Erde-Mond-Systems zu lösen. Bei seiner Wiederentdeckung im Jahr 2002 wurde* die S-IVB-Stufe der Apollo-12-Mission fälschlicherweise für einen Asteroiden gehalten, dem man die Bezeichnung J002E3 gab.

Früher als geplant stiegen Conrad und Bean durch den Tunnel in die Mondfähre und untersuchten, ob die Blitzschläge beim Start Schäden an Intrepid hinterlassen hatten.

Für Apollo 12 wurde ein Landeort bei 3 Grad 11 Minuten und 51 Sekunden südlicher Breite und 23 Grad 23 Minuten und 8 Sekunden westlicher Länge im Oceanus Procellarum festgelegt. Der Landeplatz wurde so gewählt, dass es möglich war, Teile von der am 20. April 1967 auf dem Mond gelandeten Raumsonde Surveyor 3 auszubauen und anschließend wieder zurück auf die Erde zu bringen. Conrad und Bean landeten die Mondfähre am 19. November 1969 um 06:54 UT nur 163 Meter entfernt von dieser Sonde. Conrad konnte das Apollo-Raumschiff mit bloßem Auge erkennen, als es bei der nächsten Mondumkreisung über die Landestelle flog. Ebenso konnte Gordon aus dem Mutterschiff bei der folgenden Umkreisung sowohl Surveyor 3 als auch Intrepid sichten. Die Entfernung betrug ca. 110 km. Als Conrad den Mond betrat, sagte er: „Whoopie! Man, that may have been a small one for Neil, but that's a long one for me." (etwa: „Hoppsa! Mensch, das war vielleicht ein kleiner für Neil, aber für mich ist das ein großer!"). Damit spielte er auf seine kleine Körperstatur an. Außerdem soll der Spruch Gegenstand einer Wette mit der italienischen Journalistin Oriana Fallaci gewesen sein. Conrad hatte behauptet, dass die NASA den Astronauten keine Vorschriften mache, was beim Betreten des Mondes zu sagen sei, und so hatte er sich mit ihr auf diese Worte geeinigt.

Apollo 12 transportierte auch erstmals eine Farb-TV-Kamera, die Bean allerdings beim Aufstellen direkt in die Sonne richtete. Dies zerstörte sofort die Bildaufnahmeröhre der Kamera und machte TV-Übertragungen vom Beginn der Mission an unmöglich.

Mit Apollo 12 gelang erstmals eine nahezu vollautomatische Präzisionslandung. Mit dem ALSEP-Paket konnten auch zu späteren Zeitpunkten wertvolle wissenschaftliche Daten empfangen werden. Insgesamt verlief die Apollo-12-Mission so problemlos, dass für Apollo 13 ein schwierigeres Ziel anvisiert werden konnte: eine Landung im Fra-Mauro-Hochland.

# APOLLO XIII

Die beiden oberen Medaillen zeigen die u.a. in Deutschland ausgegebenen Sammel-Münzen. Die untere zeigt eine Ausgabe aus Mexiko mit der Aufschrift: "El Hombre En El Espacio" (Man In Space).

1

55 Stunden und 54 Minuten nach dem Start, über 300.000 km von der Erde entfernt, explodierte einer der beiden Tanks mit superkritischem Sauerstoff im Servicemodul der „Odyssey", kurz nachdem der im Tank befindliche Ventilator in Betrieb genommen worden war. Kapselpilot Swigert meldete über Funk: *"Okay Houston, we've had a problem here." „Okay, Houston, wir haben hier gerade ein Problem gehabt."* Astronaut Jack R. Lousma, der zu dieser Zeit im Kontrollzentrum in Houston als Capcom die Verbindung zur Besatzung hielt, fragte nach: „Könntet ihr das bitte wiederholen?" Daraufhin meldete sich Kommandant Lovell und wiederholte: *"Houston, we've had a problem."*

Die mit dem "P" gefüllte Medaille sollte helfen, Fälschungen zu verhindern.
Das ausgefüllte "P" gilt als "geheimes Zeichen". Da die Vorderseite der Bronze-Preismünzen
mit den gleichen Matrizen wie die Herstellung von Aluminiummünzen geschlagen wurden,
war es möglich, dass ein Fälscher, zum Beispiel die Vorderseite einer Bronze Apollo VII
Münze mit der Rückseite einer Aluminiummünze zusammenbrachte, um so eine mit 5.000
US-Dollar ausgezeichnete Apollo VII-Münze zu erstellen.

Einen Teil meiner Sammlung sehen Sie auf der nächsten Seite.
Ca. 1500 Medaillen haben sich angesammelt. Etwa 100 Sammelkarten und
original verschlossene Sammelmünzen sind dabei.

1

**Rückseiten aller SHELL-Sammelmünzen:**

1

105

*Zum Schluss möchte ich sagen, dass diese Sammelmünzen natürlich keinen größeren materiellen Wert haben. Es sind eher die Erinnerungen und Emotionen aus dieser Zeit. Ich bin 9 Jahre jung gewesen, Onkel Hasse damals Angestellter bei SHELL. Mit 19 Jahren habe ich seinen Cassettenrecorder repariert, er war da Tankstellenbesitzer. Mit 29 seinen Videorecorder und mit 39 habe ich seinen Computer eingestellt. Jetzt mit 59, und darüber, treffen wir uns mit den Hunden zum Gassiegehen.*
*Allen Sammlern wünsche ich viel Freude beim Sammeln.*

*Uwe H. Sültz*